나트랑·달랏
여행의 모든 것

관광지부터 숙소, 식사, 카페까지 한 권으로 끝내는 베트남

나트랑·달랏 여행의 모든 것

시원북스

프롤로그

내리쬐는 태양 아래 야자수와 오토바이 경적 소리 사이에서 고수를 잔뜩 넣은 쌀국수를 즐겨 먹던, 독특하다면 독특하고 평범하다면 평범한 고등학생이었습니다. 성조가 뒤엉킨 꼬부랑 언어를 배우겠노라 땀 흘리며 오토바이를 타고 등교하던 그 시절의 추억을 한 아름 들고 귀국한 저에게, 베트남 여행 가이드북을 담아보자는 제안은 마냥 반갑고 들뜨기만 했습니다.

그중에서도 이번 책의 배경이 된 나트랑과 달랏은 익숙한 베트남의 향기를 풍기면서도 늘 신선한 여행지의 설렘을 안겨주는 도시입니다. 덕분에 이번에는 커다란 캐리어 가방을 질질 끌던 유학생이 아닌, 가벼운 짐과 마음을 들고 베트남행 비행기에 올랐습니다.

다소 '가성비 여행지', '싼 맛에 가는 동남아 휴양지' 등의 한정적인 평을 받는 베트남에 대한 인식이 아쉬워, '자유로움과 평온함이 공존하는', '활기찬 젊음의 기운을 지닌' 베트남을 보여드리고 싶다는 마음으로 공항 탑승구를 지나며 이 책의 원고가 시작되었습니다.

어느 날은 조용한 집 안 서재에 콕 박혀, 어느 날은 나트랑 해변가에서, 어느 날은 달랏의 정원에서, 여행서를 집필하는 동안 매일매일이 또 다른 여행의 연장이었습니다. 직접 겪은 일과 여러 자료를 취합하며, 인터넷을 통해 쉽게 서치 가능한 맛집이나 쇼핑 리스트를 건조하게 나열하는 대신 그 속에 담긴 진짜 숨은 장소들과 풍경을 전하고자 했습니다. 외부인의 눈에는 잘 보이지 않는 베트남의 아름다움을, 평범하지만 뻔하지 않은 시선으로 담았습니다.

이 책은 여행길에 오르는 어떤 이의 배낭 한편에서 든든한 친구이자 조력자가 되고, 낯선 상황 속에서 실질적인 도움이 되기를 바라며 쓰였습니다.

부디 안온한 여행 되시길 진심으로 바랍니다.

손연주 씀

목차

늘 설레는 여행지와의 첫 만남

프롤로그   5

Chapter 1. 한눈에 담아보는 나트랑-달랏 여행
- ✈ 가슴까지 시원해지는 여름을 품은 바다   15
- ✈ 울창한 나무와 녹지가 가득한 자연   18
- ✈ 아이 어른 모두 환영받는 초대형 테마파크   20
- ✈ 베트남의 맛과 멋, 작가가 숨겨 둔 힐링 장소   21

Chapter 2. 여행에 꼭 가져갈 베트남어 표현 (+핸드북 활용법)
- ✈ 여행에 꼭 가져갈 필수 문장   26
- ✈ 숫자와 화폐 단위 읽는 방법   28
- ✈ 여행에 꼭 가져갈 필수 어휘   30

Chapter 3. 우리의 여정을 함께할 지도
- ✈ 한눈에 그리는 나트랑   37
- ✈ 나트랑 시내 속 숨은 길   37
- ✈ 한눈에 그리는 달랏   38
- ✈ 달랏 시내 속 숨은 길   38
- ✈ 중남부 로드맵 길잡이   39

Part 2
첫 번째 여행지, 나트랑

Chapter 4. 나트랑은 어떤 도시일까
- 우리가 나트랑으로 향하는 이유 — 44
- 짧은 동선, 깊은 경험, 나트랑 추천 여정 — 46

Chapter 5. 나트랑 시내 이곳저곳 파헤치기
- 바다는 왜 나트랑으로 흐를까 — 51
- **Plus+** 여행 중 알아보는 흥미로운 지식, 참파 왕국의 역사 — 55
- **Plus+** 여행 중 알아보는 흥미로운 지식, 남중국해의 영토 분쟁 — 60
- 나트랑 놀거리 — 63
- 나트랑 식사 — 69
- 나트랑 카페 & 펍 — 85
- 나트랑 숙소 — 99

Chapter 6. 머물수록 더 깊어지는 나트랑
- 나트랑 근교 여행 — 107
- 나트랑 기념품 & 네일 및 스파 — 110
- 더 쉬운 여행을 만드는 나트랑 핵심 정보 — 116
- 깜란 국제 공항 — 116
- 싸잉 택시 — 117
- 나트랑 환전소 — 118
- 나트랑에서의 ATM 출금 — 119

Chapter 7. 나트랑에서 달랏까지, 달랏에서 나트랑까지
- 나트랑과 달랏을 오가는 교통편 — 121

Part 3
두 번째 여행지, 달랏

Chapter 8. 달랏은 어떤 도시일까
- ✈ 우리가 달랏으로 향하는 이유　　　　　　　　　　　　　　　　128
- ✈ 짧은 동선, 깊은 경험, 달랏 추천 여정　　　　　　　　　　　　130

Chapter 9. 달랏 시내 이곳저곳 파헤치기
- ✈ 안개는 왜 달랏으로 흐를까　　　　　　　　　　　　　　　　　135
- ✈ **Plus+** 여행 중 알아보는 흥미로운 지식, 바오다이와 남프엉 부부　137
- ✈ 달랏 놀거리　　　　　　　　　　　　　　　　　　　　　　　150
- ✈ 달랏 식사　　　　　　　　　　　　　　　　　　　　　　　　153
- ✈ 달랏 카페 & 펍　　　　　　　　　　　　　　　　　　　　　　164
- ✈ 달랏 숙소　　　　　　　　　　　　　　　　　　　　　　　　174

Chapter 10. 산 너머, 달랏의 고요함 속으로
- ✈ 달랏 근교 여행　　　　　　　　　　　　　　　　　　　　　　181
- ✈ 달랏 기념품 & 네일 및 스파　　　　　　　　　　　　　　　　183
- ✈ 더 쉬운 여행을 만드는 달랏 핵심 정보　　　　　　　　　　　　186
- ✈ 리엔 크엉 국제 공항　　　　　　　　　　　　　　　　　　　186
- ✈ 라도 택시　　　　　　　　　　　　　　　　　　　　　　　　186
- ✈ 달랏 환전소　　　　　　　　　　　　　　　　　　　　　　　187
- ✈ 달랏에서의 ATM 출금　　　　　　　　　　　　　　　　　　188

Part 4
마음을 설레게 하는 여행 준비

Chapter 11. 베트남은 어떤 나라일까
- ✈ 한국과 베트남, 우린 어떤 사이일까? — 195
- ✈ 한눈에 보는 베트남 음식+음료+기념품 — 197
- ✈ 환전, 베트남 동을 이해하는 첫걸음 — 202
- ✈ 현지 교통수단 이야기 — 204
- ✈ 나만의 안식처, 베트남 숙소 파헤치기 — 208
- ✈ 여행을 더욱 빛내 줄 날씨 정보 & 최적의 여행시기 — 210

Chapter 12. 여행의 문을 여닫는 공항 출입국 안내
- ✈ 한국에서 베트남 공항으로 — 213
- ✈ 베트남 공항에서 한국으로 — 214

Chapter 13. 실전! 걱정을 덜어 줄 필수 아이템
- ✈ 설레는 순간까지 담아 줄 내 가방 속 준비물 — 217
- ✈ 작가가 추천하는 어플 및 활용법 — 217

Chapter 14. 여행 중 맞닥뜨릴 수 있는 사고&질병
- ✈ 방심은 금물, 콜록콜록 감기 — 221
- ✈ 여행 중인데 변기 위에만 앉아있을 순 없지 — 222
- ✈ 위급 시 사용하는 응급 베트남어 — 222
- ✈ 안전과 귀중품은 내 스스로 챙기자 — 222
- ✈ 신짜오! 반갑다 도마뱀아 — 223

나트랑 향타워(왼)과 나트랑 해변

part 01

늘 설레는 여행지와의

첫 만남

Chapter 1
한눈에 담아보는 나트랑-달랏 여행

✈ 가슴까지 시원해지는 여름을 품은 바다

흥이 넘치는 파티, 호핑투어

나트랑 호핑투어는 전 세계 각지에서 모여든 이들이 춤을 추는 현장, 그 중심에 마련된 바에서 서로 칵테일잔을 부딪치는 소리가 가득 채워진다. 그 자리에서 바로 구입한 해산물을 요리해 즉석에서 식사를 하기도 하고, 스노쿨링과 수영도 즐기는 그야말로 1석n조! (p.63)

천국을 닮은 거대한 해변

'동양의 나폴리' 나트랑 해변은 은퇴자를 위한 세계 최고의 해변휴양지 중 하나로 꼽힐 만큼 그 아름다움을 자랑한다. 시끌벅적 액티비티를 즐긴 후, 고즈넉이 들려오는 파도소리는 답답한 일상 속 피로를 조용히 위로해 준다. (p.53)

로맨틱한 선셋 디너 크루즈

베트남의 노을은 오로라가 펼쳐진 듯 유난히 아름답다. 해가 지는 풍경 아래 풍족한 저녁 식사와 선상 위 낭만적인 분위기를 즐길 수 있는 크루즈 여행은 이미 서양권 국가에선 아주 대중적인 여행상품이다. (p.64)

✈ 울창한 나무가 인사하는 자연

중부 고원의 장엄함

해발 2,000m 이상의 빼어난 산세를 자랑하는 달랏의 산은 "산에서 할 수 있는 활동 = 등산"뿐이라 생각하는 우리의 공식을 깨는 다양한 액티비티가 넘쳐 흐른다. 베트남 중남부 지역의 산속 풍경은 울창한 나무들이 장관을 이룬다. 산속에서 지프차를 타고 오르며 느껴지는 강렬한 피톤치드향이 코를 찌른다. 초록빛을 온몸에 두르고 계곡과 절벽 사이사이를 지나며 짜릿한 스포츠를 즐겨 보자. (p.107, p.144, p.146)

신선놀음을 즐기는 산속 머드온천

일본이나 대만에나 있을 법한 온천이 더운 동남아에도 있다? 나트랑의 온천은 흔히 아는 뜨거운 온천수가 아닌 진흙(머드)으로 목욕을 한다. 새소리가 들려오는 프라이빗한 머드풀에서 지친 피부와 근육에게 휴식시간을 주자. 따듯한 온수풀에 몸을 담근 채 물 위로 삐죽 나온 뺨에는 시원한 바람이 스치는, 작가가 가장 좋아하는 순간. 뿐만 아니라 공용 수영장과 자쿠지, 미네랄풀 등 다양하다. (p.67)

여기는 베트남인가 스위스인가, 푸르른 목장

나트랑 양떼목장에서는 청명한 하늘과 푸른 들판 속, 울타리 없는 목장에서 자유롭게 돌아다니는 양들에게 먹이를 주고 양과 함께 풀밭을 뒹굴며 교감할 수 있다. 달랏 몽고랜드는 몽고식 가옥인 게르에서 숙박할 수 있는 건 물론이고, 낙타, 염소, 토끼와 알파카 등이 사람이 다니는 길과 동물이 다니는 길 구분 없이 자유롭게 돌아다닌다. 동물과의 직접적인 교감은 우리에게 진정 자연과 하나되는 느낌을 준다.
(p.109, p.145)

✈ 아이 어른 모두 환영받는 초대형 테마파크

베트남의 디즈니랜드, 빈원더스

빈원더스는 혼째(Hòn Tre)섬을 통째로 사들인 빈그룹이 운영하는 대규모 테마파크로, 놀이공원뿐만 아니라 골프장, 해변 리조트, 아쿠아리움, 식물원, 사파리 등이 들어서 있어서 하루만에 모두 둘러보기엔 역부족이다. 지도를 미리 보고 동선을 짜면 효율적으로 둘러볼 수 있으며, 가장 큰 장점은 웨이팅이 적어 스릴 넘치는 어트랙션을 다양하게 즐길 수 있다는 점이다. 세계에서 가장 긴 3,300m의 케이블카를 타고 육지에서 바다를 넘어 혼째섬 입구로 들어가 보자. (p.56)

아시아 최대 규모를 자랑하는 동물원

빈원더스의 사파리는 선택이 아닌 필수다. 115만 평의 넓디넓은 부지에 총 150종의 야생동물, 이외 개별동물 300종, 식물 1,200종을 모두 보려면 동물원만 방문하더라도 시간이 부족하다. 한국에서 쉽게 볼 수 없는 희귀동물을 만날 수 있는 기회는 동물 애호가들이 쉽사리 지나치기 어려울 것이다. 특히 사람을 겁내지 않고 다가오는 새들에게 먹이를 주고 손과 머리에 얹어 함께 사진을 찍을 수 있는 조류관은 인기 포토스팟 중 하나다.

✈ 베트남의 맛과 멋, 작가가 숨겨둔 힐링 장소

그곳만의 특별한 카페문화

바쁜 일상 속 '카페인 수혈'을 위해 커피를 찾는 우리나라와 달리 베트남의 카페문화는 여유롭기 그지없다. 오랫동안 넓은 자리를 차지해도 눈치 한 번 주지 않는 베트남 카페는 해가 강한 정오에 방문하는 것이 좋다. 잠시 복잡한 관광지를 떠나, 라탄의 자에 몸을 기대어 멀찍이 들려오는 오토바이 경적소리와 거리를 둔 채 휴식을 취하면 시간이 느리게 흘러가는 듯하다. 최근 커피와 함께 차와 밀크티가 유행처럼 번지고 있어 커피를 즐기지 않아도 기꺼이 현지 카페문화에 참여할 수 있다. (p.85, p.164)

현지인처럼 아침식사 하기

주로 집에서 아침식사를 해결하는 우리와 달리 외식으로 아침을 시작하는 현지인들. 회사 근처나 동네 거리 곳곳 꼭두새벽부터 분을 여는 노껄식냥에서 먹는 아침식사는 베트남의 매력적인 식문화 중 하나이며, 현지인의 일상과 역사를 엿볼 수 있는 절호의 기회. 우리에게 잘 알려진 퍼(Phở)나 반미(Bánh mì)부터 남부지역에서 주로 먹는 후띠에우(Hủ tiếu)나 껌땀(Cơm tấm)까지 다양한 현지식 식당들이 거리 곳곳 즐비해 있다. (p.69, p.153)

낮보다 화려한 나이트라이프

무더운 낮시간을 피해 선선한 저녁을 노리는 올빼미들은 주목! 먼저, 도시마다 꼭 하나씩 열리는 야시장은 동남아 느낌 물씬 나는 원피스와 각종 액세서리, 라탄백을 구매하기 좋고, 신선한 과일과 고기 굽는 냄새가 밤의 열기를 더한다. 야시장이 끝난 심야시간, 나트랑에선 해변 위 파티를 즐기는 비치클럽과 수제맥주 펍이 마련되어 있으며, 달랏에선 반짝이는 호수의 조명을 무대삼아 버스킹을 즐기는 밤산책이 여행자들을 잠 못 들게 한다. (p.96, p.135, p.139)

Chapter 2
여행에 꼭 가져갈 베트남어 표현 (+핸드북 활용법)

해외여행을 두렵게 만드는 가장 큰 장애물은 바로 '언어의 장벽'이다. 더군다나 베트남은 영어권이 아닌 국가. 이뿐만인가. 실제 현지인들의 '베글리쉬(베트남어+잉글리쉬)'와 우리의 '콩글리쉬'는 해도해도 너무할 만큼 서로의 소통을 가로막고 있다.

덕분에 강사로서 베트남어를 가르치며 학생분들께 가장 많이 듣는 말은 "발음이 너무 어려워요!"다. 그만큼 베트남어는 한국어 발음으로 읽어도 소통이 어려운 경우가 많다. 그러니 수많은 시중 여행도서들이 여행 관련 베트남어를 나열해도 실상 여행지에서 활용하긴 어렵다. 게다가 베트남에는 아직 영어가 통하지 않는 곳도 많다. (놀랍게도 오히려 영어보다 한국어가 통하는 경우가 더러 있을 정도)

◎ The Point! 핸드북 활용법 1

그렇다고 이 '언어의 장벽'에 가로막혀 질 좋은 여행을 포기할 순 없지 않은가. 이때가 바로 이 책을 실제 우리의 여행에 적용할 수 있는 좋은 기회다. 자주 사용하는 베트남어 문구를 정리한 다음 장의 표(p.26)에서, 현지인에게 전하고자 하는 문장을 보여주어 읽게 하면 불편함 없이 빠르게 소통할 수 있다. 인터넷이 느릴 때, 배터리가 없을 때, 번역기 어플이 엉망진창 문장을 직역할 때의 답답함과 번거로움을 덜어줄 것이다.

짜오마오

✈ 여행에 꼭 가져갈 필수 문장

(모든 발음은 나트랑과 달랏 지역에서 사용되는 베트남 남부 발음으로 표기되었습니다.)

🇰🇷 안녕하세요
🇻🇳 xin chào
🎧 씬→ 짜오↘

🇰🇷 감사합니다
🇻🇳 cảm ơn
🎧 깜↘ 어언→

🇰🇷 잘 가요
🇻🇳 tạm biệt / bye bye
🎧 땀↘비엣↘ / 바이→바이→

🇰🇷 네
🇻🇳 dạ
🎧 야↘

🇰🇷 아니오
🇻🇳 không
🎧 컴→

🇰🇷 얼마예요?
🇻🇳 bao nhiêu?
🎧 바오→ 뉴→

🇰🇷 계산해 주세요
🇻🇳 tính tiền
🎧 띤↗띠엔↘

🇰🇷 화장실이 어디예요?
🇻🇳 nhà vệ sinh ở đâu?
🎧 냐↘ 베↘ 신→ 어~더우→

🇰🇷 ○○호텔이 어디예요?
🇻🇳 khách sạn ○○ ở đâu?
🎧 칵↗ 산↘ ○○ 어~더우→

🇰🇷 약국이 어디예요?
🇻🇳 Nhà thuốc ở đâu?
🎧 냐↘투옥↗ 어~더우→

🇰🇷 저기요 (손아랫사람)
🇻🇳 em ơi
🎧 앰→ 어이→

🇰🇷 저기요 (언니, 누나)
🇻🇳 chị ơi
🎧 찌↘ 어이→

🇰🇷 저기요 (오빠, 형)
🇻🇳 anh ơi
🎧 안→ 어이→

🇰🇷 저기요 (이모님)
🇻🇳 cô ơi
🎧 꼬→어이→

🇰🇷 저기요(할머님)
⭐ bà ơi
🎧 바↘어이→

🇰🇷 저기요 (삼촌, 아저씨)
⭐ chú ơi
🎧 쭈↗어이→

🇰🇷 고수 빼주세요
⭐ không rau ngò
🎧 컴→ 라우→ 응어↘

🇰🇷 너무 비싸요
⭐ mắc quá
🎧 막↗ 꽈↗

🇰🇷 깎아줄 수 있어요?
⭐ giảm giá được không?
🎧 얌~ 야↗ 득↓ 컴→

🇰🇷 여기에 내려주세요
⭐ xuống đây
🎧 쑹↗ 더이→

🇰🇷 잠시만요/조금만요
⭐ chút xíu
🎧 쭙↗ 씨우↗

🇰🇷 에어컨 켜주세요
⭐ mở máy lạnh
🎧 머~ 마이↗ 란↓

🇰🇷 너무 더워요
⭐ nóng quá
🎧 넘↗ 꽈↗

🇰🇷 메뉴 주세요
⭐ cho menu
🎧 쩌→ 메누→

🇰🇷 이거 주세요
⭐ cho cái này
🎧 쩌→ 깨↗ 나이↘

🇰🇷 이거 하나 주세요
⭐ cho cái này một cái
🎧 쩌→ 깨↗ 나이↘ 몹↓ 까이↗

🇰🇷 이거 두 개 주세요
⭐ cho cái này hai cái
🎧 쩌→ 깨↗ 나이↘ 하이→ 까이↗

🇰🇷 두 명이요
⭐ hai người
🎧 하이→ 응어이↘

27

✈ 숫자와 화폐 단위 읽는 방법

0
- 🇰🇷 0
- ⭐ không
- 🎧 컴→

1
- 🇰🇷 1
- ⭐ một
- 🎧 몹↓

2
- 🇰🇷 2
- ⭐ hai
- 🎧 하이→

3
- 🇰🇷 3
- ⭐ ba
- 🎧 바→

4
- 🇰🇷 4
- ⭐ bốn
- 🎧 본/봉↗

5
- 🇰🇷 5
- ⭐ năm
- 🎧 남→

6
- 🇰🇷 6
- ⭐ sáu
- 🎧 싸우↗

7
- 🇰🇷 7
- ⭐ bảy
- 🎧 바이〜

8
- 🇰🇷 8
- ⭐ tám
- 🎧 땀↗

9
- 🇰🇷 9
- ⭐ chín
- 🎧 찐↗

10
- 🇰🇷 10
- ⭐ mười
- 🎧 므이↘

11
- 🇰🇷 11
- ⭐ mười một
- 🎧 므이↘ 몹↓

12
- 🇰🇷 12
- ⭐ mười hai
- 🎧 므이↘ 하이→

1,000	🇰🇷 1,000 🇻🇳 một ngàn 🎧 몹↓ 응안↘	2,000	🇰🇷 2,000 🇻🇳 hai ngàn 🎧 하이→ 응안↘
5,000	🇰🇷 5,000 🇻🇳 năm ngàn 🎧 남→ 응안↘	10,000	🇰🇷 10,000 🇻🇳 mười ngàn / một chục 🎧 므이↘ 응안↘/몹↓ 쭙↓
20,000	🇰🇷 20,000 🇻🇳 hai mươi (ngàn) / hai chục 🎧 하이→ 므이↘ 응안↘/하이→ 쭙↓	50,000	🇰🇷 50,000 🇻🇳 năm mươi (ngàn) / năm chục 🎧 남→ 므이↘ 응안↘/남→ 쭙↓
100,000	🇰🇷 100,000 🇻🇳 một trăm (ngàn) 🎧 몹↓ 짬→ (응안↘)	200,000	🇰🇷 200,000 🇻🇳 hai trăm (ngàn) 🎧 하이→ 짬→ (응안↘)
500,000	🇰🇷 500,000 🇻🇳 năm trăm (ngàn) 🎧 남→ 짬→ (응안↘)	1,000,000	🇰🇷 1,00,000 🇻🇳 một triệu 🎧 몹↓ 찌우↓

✈ 여행에 꼭 가져갈 필수 어휘

 🇰🇷 생수
⭐ nước suối
🎧 늑↗ 수오이↗

 🇰🇷 아이스 녹차
⭐ trà đá
🎧 짜↘ 다↗

 🇰🇷 커피
⭐ cà phê
🎧 까↘ 페→

 🇰🇷 스무디
⭐ sinh tố
🎧 신→ 또↗

 🇰🇷 밀크티
⭐ trà sữa
🎧 짜↘ 스어∿

 🇰🇷 콜라
⭐ cô-ca
🎧 꼬→ 까→

 🇰🇷 숟가락
⭐ muỗng
🎧 무옹∿

 🇰🇷 젓가락
⭐ đũa
🎧 두어∿

 🇰🇷 포크
⭐ nĩa
🎧 니아∿

 🇰🇷 휴지
⭐ khăn giấy
🎧 칸→ 여이↗

 🇰🇷 물티슈
⭐ khăn ướt
🎧 칸→ 읏↗

 🇰🇷 밥
⭐ cơm
🎧 꺼엄→

 🇰🇷 소고기
⭐ bò
🎧 버↘

 🇰🇷 닭고기
⭐ gà
🎧 가↘

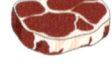 🇰🇷 돼지고기
⭐ heo
🎧 해오→

 🇰🇷 파테 (돼지 간)
⭐ pa tê
🎧 빠→ 떼→

🇰🇷 채소
⭐ rau
🎧 라우→

🇰🇷 모닝글로리
⭐ rau muống
🎧 라우→ 무옹↗

🇰🇷 마늘
⭐ tỏi
🎧 떠이↝

🇰🇷 고수
⭐ rau ngò
🎧 라우→ 응어↘

🇰🇷 해산물
⭐ hải sản
🎧 하이↝ 산↝

🇰🇷 오징어
⭐ mực
🎧 묵↓

🇰🇷 새우
⭐ tôm
🎧 똠→

🇰🇷 볶음
⭐ chiên / xào
🎧 찌엔→ / 싸오↘

🇰🇷 국/탕/찌개
⭐ lẩu
🎧 러우↝

🇰🇷 구이
⭐ nướng
🎧 느엉↗

🇰🇷 간장
⭐ nước tương
🎧 늑↗ 뜽→

🇰🇷 칠리소스
⭐ tương ớt
🎧 뜽→ 엇↗

🇰🇷 소금
⭐ muối
🎧 무오이↗

🇰🇷 설탕
⭐ đường
🎧 드엉↘

🇰🇷 영수증
⭐ hóa đơn
🎧 화↗ 던→

🇰🇷 식당
⭐ nhà hàng
🎧 냐↘ 항↘

🇰🇷 카페
⭐ quán cà phê
🎧 꽌↗ 까↘ 페→

🇰🇷 공항
⭐ sân bay
🎧 선→ 바이→

🇰🇷 호텔
⭐ khách sạn
🎧 칸↗ 산↘

🇰🇷 약국
⭐ nhà thuốc
🎧 냐↘투옥↗

🇰🇷 연유 커피
⭐ cà phê sữa
🎧 까↘ 페→ 쓰어∼

🇰🇷 맥주
⭐ bia
🎧 비아→

🇰🇷 주스
⭐ nước ép
🎧 늑↗ 앱↗

🇰🇷 과일
⭐ trái cây
🎧 짜이↗ 꺼이→

🇰🇷 망고
⭐ xoài
🎧 쏘아이↘

🇰🇷 오렌지
⭐ cam
🎧 깜→

🇰🇷 바나나
⭐ chuối
🎧 쭈오이↗

🇰🇷 람부탄
⭐ chôm chôm
🎧 쫌→ 쫌→

🇰🇷 망고스틴
⭐ măng cụt
🎧 망→꿋↘

🇰🇷 두리안
⭐ sầu riêng
🎧 서우↘링→

🇰🇷 아보카도
⭐ bơ
🎧 버→

🇰🇷 코코넛
⭐ dừa
🎧 유어↘

🇰🇷 용과
⭐ thanh long
🎧 탄→럼→

🇰🇷 자몽
⭐ bưởi
🎧 브어이∼

 🇰🇷 택시
★ tắc xi
🎧 딱↗ 씨→

 🇰🇷 자동차
★ xe ô-tô
🎧 쌔→ 오→ 또→

 🇰🇷 오토바이
★ xe máy
🎧 쌔→ 마이↗

🇰🇷 버스
★ xe buýt
🎧 쌔 → 븟↗

 🇰🇷 슬리핑버스
★ xe buýt giường nằm
🎧 쌔→ 븟↗ 유엉↘ 남↘

 🇰🇷 비행기
★ máy bay
🎧 마이↗ 바이→

 🇰🇷 항공편
★ chuyến bay
🎧 쭈엔↗ 바이→

🇰🇷 배
★ tàu thủy
🎧 따우↘ 투이↝

 🇰🇷 마사지
★ mát-xa
🎧 맛↗ 싸→

 🇰🇷 테이크아웃
★ mang về
🎧 망→ 베↘

 🇰🇷 배달
★ giao hàng
🎧 야오→ 항↘

🇰🇷 비닐봉투
★ túi ni lông
🎧 뚜이↗ 니→ 롱→

🇰🇷 종이가방
★ túi giấy
🎧 뚜이↗ 여이↗

Chapter 3
우리의 여정을 함께할 지도

고대 이집트 시대 때부터 사용해 오던 종이 지도는 현대 시대의 우리에겐 너무 먼 얘기가 되어버렸다. 현대에 이르러 각종 전자기기에서 지도 애플리케이션을 통해 위치의 확대와 축소, 실제 모습 360도 촬영, 저장 표시 등의 기능을 편리하게 사용하고 있다. 허나 이 책은 그런 편리함에 익숙해진 우리가 여행 도중 만날 수 있는 돌발상황에 대비할 수 있도록 종이지도를 첨부했다. 지도앱에 오류가 있거나, 여행 도중 배터리가 부족하거나, 휴대폰을 분실하는 등 당황스러운 순간, 의존하던 지도앱이 사라지면 낭패를 보기 십상이다. 뿐만 아니라 내가 가고자 하는 도시를 향한 첫걸음을 떼기 전, 전체적인 구도를 한눈에 파악하기 쉽도록 주요 핵심지를 기재해 둔 지도를 통해 나의 여행을 계획해 보자.

> **The Point!** 핸드북 활용법 2
>
> 미리 다음 장의 지도를 참고하여 나트랑과 달랏의 전체적인 모습을 파악하고 루트와 방문할 장소를 표시해 두자. 가볍게 손가방에서 슬쩍 꺼내어 택시 기사님에게 지도를 보여주기만 해도 길을 잘 찾아갈 수 있다. 열심히 스마트폰에 지도를 준비해 두어도 인터넷이 잘 터지지 않거나 하는 등 당황스러운 순간들을 줄일 수 있다.

베트남 지도

✈ 한눈에 그리는 나트랑 (p.44)

✈ 나트랑 시내 속 숨은 길 (p.51)

✈ 한눈에 그리는 달랏 (p.128)

✈ 달랏 시내 속 숨은 길 (p.135)

✈ 중남부 로드맵 길잡이

베트남 중남부 주요 지역

part 02

첫 번째 여행지, 나트랑

Chapter 4
나트랑은 어떤 도시일까

사실 '나트랑'이라는 도시명은 올바른 명칭이 아니다. 우리가 베트남인에게 '나트랑!'이라 아무리 외쳐도 아마 그들은 전혀 이해하지 못한 채 고개를 갸우뚱할 것이다. 'Nha Trang'의 올바른 정식 명칭은 '냐짱'으로, 지금부터 나 또한 훨씬 익숙한 '냐짱'을 베트남식으로 불러볼까 한다.

패키지가 아닌 직접 계획한 자유여행이 처음인 사람에게 첫 번째 여행지로 호기롭게 추천할 수 있는 목적지. 대도시와 달리 안전하고 복잡하지 않은 거리이자 잘 갖춰진 인프라와 친절한 사람들로 부담없이 즐길 수 있는 냐짱의 매력은 무엇일까?

✈ 우리가 나트랑으로 향하는 이유

누구나 쉽게 이용하는 편리한 교통수단

지하철, 버스, 택시 등 각종 대중교통이 복잡하게 얽힌 대도시와 달리, 냐짱은 택시만으로도 대부분의 관광지를 방문할 수 있다. 냐짱은 시내부터 해변까지 차로 10분 내외로 도착할 정도로 규모가 작고, 택시요금도 저렴하다. 심지어 나트랑에서 흔히 사용하는 '그랩(Grab)' 택시앱은 일반 택시뿐만 아니라 '쎄옴(Xe Ôm)'이라 불리는 오토바이 택시, 공항 픽업, 음식배달 주문까지 가능하다. 쎄옴은 꼭 앱이 아니더라도 길거리 어디에서든 이용할 수 있다.

바다가 내어준 해산물, 흙이 선물한 과일

긴 해안선을 가진 해안도시 냐짱은 베트남 해산물의 보고다. 시장에 방문해 직접 사서 요리할 수도, 베트남 현지의 맛과 바다내음을 그대로 느낄 수 있는 해산물 식당에서 저렴하게 만나 볼 수도 있다. 한국에서 보기 힘든 싱싱한 로컬 해산물들을 저렴한 가격으로 경험해 보자. 베트남의 과일은 자연이 빚은 보석처럼 탐스러운 빛깔을 뽐낸다. 망고, 용과, 두리안, 람부탄 등 한국에서 보기 힘든 과일들의 달콤함을 입속에 가득 담아 보자.

웰컴 투 냐짱! 전 세계를 환영하는 분위기

냐짱은 전 세계인으로부터 사랑받는 도시, 특히 추운 지역의 러시아인들이 은퇴 후 장기여행이나 이민을 오는 문화가 형성된 지 오래다. 그래서인지 냐짱 마트나 상점에 가면 독주가 다른 도시에 비해 많은 편이기도 하다. 허나 현재 이 러시아인들보다 더 냐짱을 많이 찾는 민족이 있으니, 바로 한국인들. 베트남어나 영어가 부족해도 곳곳에 한국어 메뉴와 친절한 한국어 안내판이 있어 여행의 걱정을 덜어 준다.

✈ 짧은 동선, 깊은 경험, 나트랑 추천 여정

Route 1

| 나트랑 대성당 | 도보 10분 | 퍼한푹에서 점심 식사 | 차량 10분 |

| 도보 10분 | 혼쫑곶 방문 | 차량 10분 | 포나가르 사원 방문 |

| 노라 커피에서 더위 식히기 | 차량 5분 | 샨타람에서 저녁 식사 | 나트랑 해변 산책 |

Route 2

| 퍼홍에서 아침 식사 | 선착장까지 차량 10분 | 빈원더스 테마파크 방문 | 시내로 돌아와 콩카페에서 휴식 |

| 팜스 비스트로에서 저녁 식사 및 라이브클럽 즐기기 | 도보 5분 | 나트랑 야시장 쇼핑 및 구경하며 이동 | 도보 10분 |

Route 3

정글 커피에서 모닝 커피 → 도보 20분 → 롱선사 방문 → 도보 5분

도보 5분 → 라냐에서 점심 식사 → 차량 10분 → 롯데마트 냐짱점 구경

반미 판에서 간식 → 도보 10분 → 나트랑 향타워 → 차량 5분

냄 느엉 당반꾸엔에서 저녁 식사 → 도보 10분 → 예르생 박물관

Route 4

호핑투어 → 숙소로 돌아와 샤워 후, 담시장 구경 → 도보 15분 → 촌촌킴에서 저녁 식사

스카이라이트에서 칵테일 및 야경 감상 → 차량 6분

Route 5

분카 하이카에서 아침 식사 | 머드온천 투어 | 시내로 돌아와 짜오마오에서 점심 식사 | 차량 10분

도보 10분 | 쩐푸 해변 산책 | 차량 5분 | 국립 해양학 박물관

그릴 가든 2에서 저녁 식사 | 도보 3분 | 루이지애나 브루하우스에서 맥주 즐기기

Route 6

안 카페에서 모닝 커피 | 판랑 사막 투어 | 시내로 돌아와 저녁 식사 | 세일링 클럽에서 칵테일 즐기기

Chapter 5
나트랑 시내 이곳저곳 파헤치기

> ### ✦ The Point! 핸드북 활용법 3
>
> 지금부터 냐짱의 관광지부터 숙소, 식당, 술집까지 다양한 곳을 알아보자. 각 장소마다 적힌 주소와 '원어 상호명'은 모두 가장 보편적으로 사용하는 지도 서비스 앱인 '구글맵'의 명칭과 동일하게 작성되었기에 여러 지점이 나오거나 잘못된 길을 알려주는 오차 없이 그대로 검색하여 활용할 수 있다. 길을 잃었을 때, 택시를 탈 때, 현지인에게 해당 주소를 보여주기만 해도 큰 언어적 어려움 없이 도착지를 찾아갈 수 있다.

✈ 바다는 왜 나트랑으로 흐를까

나트랑 야시장 Chợ đêm Nha Trang (Nha Trang Night Market)

동남아 여행 중 빠질 수 없는 여행지는 현지문화와 관광상품이 적절하게 섞여 있는 야시장이다. 지역 특산품을 한 자리에서 만나 볼 수 있으며 특히 해변 근처에 위치한 나트랑의 야시장은 바다내음과 함께 각종 해산물을 굽는 소리가 들려 다른 동남아 국가의 야시장에 비해 이색적인 분위기를 가지고 있다. 형형색색의 수공예품을 구경하는 여행객들, 현지상인들이 만드는 야시장의 공기는 '진짜 베트남을 여행 중'인 우리의 기분을 더욱 실감나게 해 준다.

📍 3-4 Hùng Vương, Lộc Thọ, Nha Trang 💰 입장료 무료 *물건 구매 시 카드 결제 불가
🕐 19:00-22:00

나트랑 향타워 Tháp Trầm Hương (Agarwood Tower)

베트남의 국화인 '연꽃'을 모티브로 한 독특한 건축양식으로 지어진 냐짱의 랜드마크다. 냐짱 해변의 등대역할이자 시내 중심지에 위치한 이 타워는 4층에 여행객을 위한 전시관과 전망대가 마련되어 있다. 언제부턴가 해변과 향타워를 배경으로 찍는 셀카나 전신사진 등이 나트랑 여행 인증샷의 성지처럼 되어버린 곳이다.

📍 Trần Phú Quảng trường, Hai tháng Tư, Lộc Thọ, Nha Trang   🎫 입장료 무료   🕐 24시간 개방

나트랑 대성당 Nhà thờ Núi (Mountain Church)

다른 재료 없이 오로지 돌로만 지어져 '돌성당(Nhà thờ đá)'이라고도 불리는 나트랑 대성당. 벽돌로 세운 외벽이 고풍스럽고 당당하게 서 있으며, 내부의 정교한 스테인드글라스 장식은 실내로 들어오는 빛과 함께 성스러운 분위기를 고조시킨다. 냐짱에서 가장 규모가 큰 이 성당은 웨딩촬영지로도 유명하다. 성당은 음식물 반입과 선글라스, 모자, 짧은 옷이 금지되어 있으며, 입구를 막고 티켓을 판매하려는 사기행각을 조심하자.

📍 01 Thái Nguyên, Phước Tân   🎫 입장료 무료   🕐 5:00-17:00 (점심시간 11:00-14:00)

 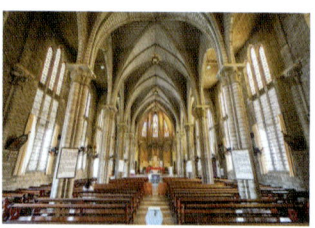

쩐푸 해변 Trần Phú

냐짱 시내 중심에서 가장 쉽게 접근할 수 있는 유명한 해변 중 하나. 약 6km에 달하는 길이로 맑고 푸른 바다와 넓은 백사장이 인상적이다. 수많은 리조트와 호텔들이 줄지어 있어 편리하게 이용할 수 있으며, 볼거리와 먹거리 모두 풍부하다. 수영과 각종 워터스포츠를 즐길 뿐만 아니라 밤에는 조깅이나 산책을 하기에도 좋다. 자전거나 스쿠터를 대여해 해변을 따라 시원한 바람을 맞으며 드라이브를 즐겨보자.

📍 Trần Phú, Lộc Thọ, Nha Trang   💰 입장료 무료   🕐 24시간 개방

나트랑 해변 Beach Nha Trang

혼잡한 해변이 싫다면 시내 중심가에 위치해 늘 북적이는 쩐푸 해변에서 살짝 벗어나 나트랑 해변(bãi biển Nha Trang)으로 향하는 것이 좋다. 관광객이 적어 깨끗하고 조용해 쾌적하게 수영을 즐길 수 있다. 쩐푸 해변에 비해 각종 서핑샵이나 가게 등은 적지만 그만큼 아름다운 바다를 온전히 즐길 수 있는 낭만적인 해변. 특히 여러분이 여름에 냐짱을 방문했다면 새벽 5시가 피크타임임을 잊지 말자. 새벽부터 온 동네 사람들이 모여들어 수영을 하고 아침체조를 하는 진풍경을 볼 수 있다.

📍 69 Phạm Văn Đồng, Ba Làng   💰 입장료 무료   🕐 24시간 개방

포나가르 사원 Tháp Bà Po Nagar (Ponagar Temple)

고대 참파 왕국의 유적지로 힌두교 사원 단지다. 캄보디아 앙코르와트를 축소판으로 옮겨다 놓은 듯한 이곳은 포나가르 여신을 모시는 사원과 붉은 황토빛깔의 우뚝 솟은 첨탑들 사이사이 푸르른 자연과 냐짱 전경이 신성하고 평온함을 자아낸다. 오전 일찍이나 석양이 물드는 시간대에 방문하면 더욱 신비로운 분위기를 느낄 수 있으며 방문 시 어깨를 드러내는 옷이나 짧은 옷은 피하도록 하자.

📍 61 Hai Tháng Tư, Vĩnh Phước (담시장에서 차량 7분)   💰 30,000VND (1,600KRW)   🕐 6:00-17:30

✈ Plus+ 여행 중 알아보는 흥미로운 지식, 참파 왕국의 역사

우리나라 삼국시대인 2세기부터 조선시대인 15세기까지 베트남 중남부 지역을 무려 1,600년간 지배했던 참파 왕국은 지금 어디로 갔을까? 참파 왕국은 인도에서 건너온 참족이 정착하여 세운 왕국이다. 인도의 영향을 받아 힌두교를 신봉하였으며 '포나가르 사원'뿐만 아니라 여러 건축물에 힌두교의 영향이 강하게 남아 있다.

캄보디아 앙코르와트 사원에 방문하면 볼 수 있는, 부조로 새겨진 바나나잎 모자를 쓴 적들이 바로 참파 왕국의 사람들이다. 이들은 14세기 말부터 서서히 베트남과의 전쟁에서 밀리더니 18세기에 결국 베트남의 응우옌 왕조에 의해 종속국이 되는 굴욕을 당한 후, 결국 현재 베트남의 소수민족으로 남아 있다. 이 소수민족들과 현 남베트남인들 중 피가 섞여 우리가 흔히 알고 있는 베트남인과 약간 외양이 다른 사람들도 종종 만날 수 있다.

넓은 지역을 호령하며 강대한 문명을 이룩하던 왕국이 몰락하여 소수민족으로 전락하는 과정의 대표적인 사례로써 여러 면에서 괜스레 안타까움을 자아낸다. 다낭의 참 박물관에 방문하면 이들의 문화와 역사를 더욱 자세히 만나볼 수 있다.

롱선사 Chùa Long Sơn (Long Son Pagoda)

152개의 계단, 24m 높이의 대형 불상이 있는 곳. 1900년 태풍으로 절이 크게 파괴된 이후 언덕 위인 현재의 장소로 옮겨져 냐짱시를 내려다볼 수 있는 좋은 전망대도로 이용되고 있다. 롱선사의 부처님이 복을 가져다준다는 이야기로 현지 시민들에게 사랑받는 장소이며, 멀리서도 보이는 커다란 좌불상은 가까이 가면 그 압도적인 위엄이 느껴진다.

22 Đ. 23 Tháng 10, Phương sơn   입장료 무료   24시간 개방

빈원더스 테마파크 VinWonders Nha Trang

섬 하나를 통째로 빌려 호화롭기 그지없는 빈원더스의 테마파크는 워터파크, 놀이공원, 사파리, 아쿠아리움, 식물원, 인공해변 등 없는 것이 없는 어마무시한 규모로 어디부터 둘러봐야 할지 설레는 마음을 어지럽게 한다. 이 책에서는 호기롭게 추천하는 필수 코스와 입장권 구매부터 퇴장까지의 꿀팁만 핵심적으로 요약해 보고자 한다.

입장권은 현장구매도 가능하지만 마이리얼트립, 클룩 등의 여행앱이 더 저렴하다. 빈원더스는 섬을 통째로 빌려 운영하고 있기 때문에 냐짱 시내에서 섬으로 들어가려면 배나 케이블카를 이용해야 한다. 선착장은 지도앱에 'Bến Tàu Vinwonders' 또는 'Vinpearl cable car station'이라 검색해 보자. 동선은 놀이공원-사파리-식물원-워터파크-공연관람 순으로 돌아보는 것을 추천한다.

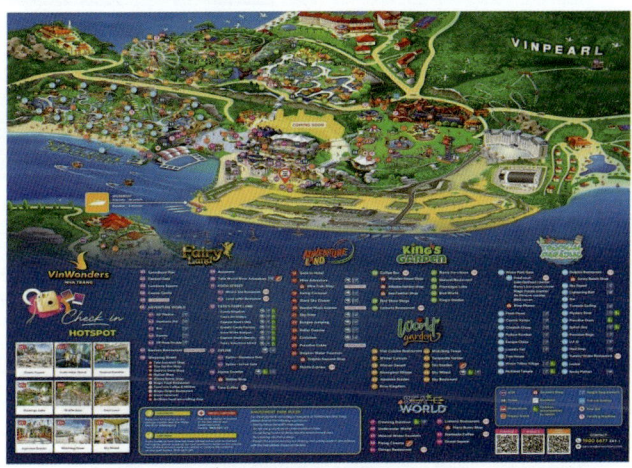

우리나라 놀이공원에 가면 늘 기다랗게 늘어선 줄 때문에 타고 싶었던 어트랙션을 포기하는 아쉬움을 나를 한 빈씩 겪어 보았을 것이다. 빈원더스의 놀이공원은 한국과 달리 스릴있는 놀이기구는 없지만 아기자기한 분위기로 여유롭게 즐길 수 있다. 특히 알파인 코스터는 입장 후, 가장 먼저 방문하여 줄이 길게 늘어서기 전 일찍 타는 것이 좋다. 최소 두 번은 타야 아쉬움이 없다.

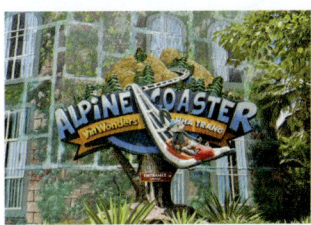 

혹시 여러분이 물을 좋아하는 이와 여행 중이라면 빈원더스의 워터파크는 만족스러운 목적지가 될 것이다. 워터슬라이드가 다양하고 대기줄이 길지 않아 워터파크 특유의 에너제틱한 분위기 속에 마음껏 헤엄칠 수 있다. 빈원더스 워터파크의 매력포인트는 워터파크와 해변이 연결되어 있어 언제든지 바다와 수영장을 오갈 수 있다는 점이다. 그중 생각보다 길이가 긴 유수풀장 레이지리버(Lazy River)에서 말 그대로 게으르게 떠다니며 휴식을 즐길 수 있다.

이국적인 분위기와 한국에서 보기 힘든 다양한 열대동물들을 만나볼 수 있는 아시아 최대 규모 사파리가 빈원더스에 있다. 무려 115만 평 규모에 150종의 야생동물, 식물까지 합하면 1,000종이 넘는 이 사파리는 이미 많은 여행객의 SNS사진으로 업로드 되어 있다. 특히 빈원더스가 꽤나 심혈을 기울인 식물원이 새롭게 트레이드마크로 떠오르고 있으며, 아프리카 사막의 바오밥나무부터 열대선인장까지 희귀한 꽃을 볼 수 있다.

- Hòn Tre, Vĩnh Nguyên
- +8419006677
- 500,000-950,000VND (27,000-51,300KRW)
- vinwonders.com
- 8:00-20:00 (시즌에 따라 변동)

알렉상드르 예르생 박물관 Bảo tàng Alexandre Yersin

세균학의 아버지 파스퇴르 박사와 함께 박테리아 연구에 큰 힘을 쓴 세균학자, 알렉상드르 예르생은 냐짱에 정착하여 파스퇴르 연구소를 설립하고 평생 베트남 의학 발전에 힘을 쓰다 냐짱에서 생을 마감했다. 이곳은 당시 그의 연구실 겸 서재로 사용되었으며, 그가 사용한 가구와 실험도구, 자료 등이 전시되어 있다.

○ 10 Trần Phú, Xương Huân, Vĩnh Hòa, Nha Trang 📞 +842583829540 🎫 20,000VND (1,000KRW) 🕐 7:30-17:00 (11:30-14:00 점심시간 / 매주 토일 휴무)

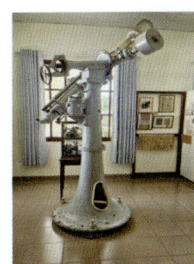

국립 해양 박물관 Bảo Tàng Hải Dương Học (Museum of Oceanography)

1922년 프랑스 식민시절 처음 설립된 동남아의 가장 큰 해양 연구소의 부속 박물관이다. 비엔동(Biển Đông: 동해, 남중국해)에서 수집한 1만 종 이상의 해양생물 중 듀공과 같은 멸종위기 어종도 다수 포함되어 있으며, 지하 1.2m 아래에서 발굴된 18m 길이의 10톤짜리 고래뼈와 같은 흥미로운 전시물이 많아 방문할 만한 가치가 있는 곳이다.

○ 1 Cầu Đá - Hòn Một, Cầu Đá, Nha Trang 📞 +842583590037 🎫 40,000VND (2,200KRW)
🌐 baotanghdh.vn 🕐 6:00-18:00

✈ Plus+ 여행 중 알아보는 흥미로운 지식, 남중국해의 영토 분쟁

중국의 남쪽, 베트남의 동쪽에 위치한 이 바다는 우리에게 '남중국해'라는 명칭으로 많이 알려져 있으나, 베트남인들에게는 '비엔동(Biển Đông: 동해)'이라고 불린다. '남중국해'라는 명칭은 베트남 입장에서 자국의 주권을 약화시키는 표현으로 받아들이기 때문에, 정부 문서나 교과서 등에서 공식적으로 '비엔동'으로 지칭한다.

이곳은 지리적, 자원적으로 아주 중요한 위치에 있기 때문에 베트남과 중국은 오랜 시간 이곳과 관련하여 여러 분쟁이 있어 왔다. '비엔동'에는 석유나 천연가스 같은 해저자원도 풍부할 뿐만 아니라, 어업자원이 많아 베트남 어부들과 중국 간의 충돌이 자주 일어난다. 이곳은 위치상으로 세계에서 가장 중요한 해상 교역로일 뿐만 아니라 중국 입장에선 군사적으로도 아주 중요한 지역에 속한다.

때문에 냐짱의 국립 해양 박물관에 방문하면 열대 해양생물이나 희귀어류, 산호초 등을 관찰할 수 있을 뿐만 아니라, 베트남의 해양영토에 관련된 여러 역사적 자료와 해양생태계를 유지하기 위한 그들의 노력을 엿볼 수 있다.

이렇듯 베트남은 여러 방편으로 비엔동에 대해 외교적, 법적으로 대응하고 있으나 중국과의 힘의 차이로 인한 어려움 등으로 인해 갈등을 계속 겪고 있는 중이다. 우리나라 또한 우리가 직면한 외교적 위협 속에서 베트남의 사례를 통해 자국을 지키기 위한 외교적 노력이 얼마나 중요한지 다시 한번 생각해 보자.

혼쫑곶 Hòn Chồng

수천 년에 걸쳐 침식작용에 의해 형성된 거대한 바위들이 곳곳에 무리 지어 다양한 포토존을 만든다. 해안절벽과 사원이 보이는 풍경이 아름다우며 이곳에 가만히 서 시원한 바닷바람을 느껴 보자. 혼쫑곶은 프랑스 영화 '연인 (The Lover; 1992)의 배경지로도 잘 알려져 있어 많은 관광객이 찾아오고 있으며, 우리나라 강원도 삼척과 비슷한 풍경을 보인다.

📍 3-5 Phạm Văn Đồng, Vĩnh Phước, Nha Trang 💵 30,000VND (1,600KRW) *카드 결제 불가
🕐 24시간 개방

나트랑 원숭이 섬 Đảo Khỉ Nha Trang

나트랑에서 10분 정도 배를 타고 섬으로 들어서면 야생 원숭이들의 세계가 펼쳐진다. '몽키 아일랜드(Mongkey Isand)'라는 이름에 걸맞게 수백 마리의 야생 원숭이들이 길거리나 나무 위를 자유롭게 돌아다니며 장난을 친다. 관광객들과 거리를 두지 않고 자연스럽게 어울리는 모습이 마치 다큐멘터리 속 장면 같다. 단순히 원숭이 구경뿐만 아니라 바닷가에서 해양 스포츠나 물놀이를 함께 즐겨도 좋기에 당일치기 코스로 딱이다. 다만 원숭이에게 이를 보이며 웃는 행동은 '공격'으로 인식될 수 있으니 주의하자. 배편은 오전 7시부터 오후 3시까지 30분 간격으로 운행되니 이 점을 참고하여 여유롭게 일정에 추가하는 것이 좋다.

📍 QL1A Đá Chồng, Cát Lợi, Nha Trang (선착장) 💵 180,000VND (9,700KRW) *뱃삯 포함
🕐 7:30-16:30

담시장 Chợ Đầm (Dam market)

겨우 3시간만 운영하는 야시장이 아쉽다면 낮시간은 담시장이 책임지고 있다. 야시장에 비해 현지인들이 많이 방문하기 때문에 가격이 저렴하며, 농산물이나 과일 등 신선식품도 다양하게 판매한다. 베트남 열대과일에 대한 우리의 궁금증을 해결해 줄 수 있는 곳이다. 망고젤리, 옷, 기념품, 진주 등 다양한 기념품도 판매하고 있으니 일정을 마무리하고 공항으로 가기 전 방문해도 좋다. (담시장 추천 쇼핑리스트 p.110)

📍 Đường Phan Bội Châu, Xương Huân, Nha Trang　🎫 입장료 무료 *물건 구매 시 카드 결제 불가
🕐 5:00-18:30

쏨머이 시장 Chợ Xóm Mới (Xom Moi Market)

관광지의 붐비는 분위기를 벗어나 진정한 로컬을 경험하고 싶다면 쏨머이 시장이 제격이다. 이곳은 관광화가 덜 되어 있어 현지인들이 장을 보러 다니는 전통시장이다. 우리나라 시골 재래시장과 느낌이 비슷하며 새벽부터 길가에 펼쳐진 노상들은 더욱 현지적인 향취를 보여 준다. 과일, 생선 등이 저렴하기 때문에 숙소에서 먹을 요리재료를 구매하기 좋다.

📍 49 Ngô Gia Tự, Tân Lập, Nha Trang　🎫 입장료 무료 *물건 구매 시 카드 결제 불가
🕐 6:00-17:00

✈ 나트랑 놀거리

호핑투어

냐짱 호핑투어의 특별한 점은 무제한 맥주와 DJ의 비트감 있는 음악으로 분위기를 달구는 데 주력한다는 것이다. 전 세계 각지에서 온 다이버들은 각국의 대표 노래에 맞춰 댄스를 선보이고, 스태프들은 바다 한가운데 와인바를 차려 헤엄쳐 온 손님들에게 술잔을 건넨다. 스노쿨링, 패러세일링, 바나나보트, 제트스키 등 다양한 수상스포츠를 즐긴 후 먹는 해산물요리는 그야말로 완벽한 하루를 보낼 수 있게 해준다.

호핑투어는 투어 상품에 따라 호텔로 직접 픽업을 해주는 경우도 있지만, 보통 선착장에서 만나 함께 출발하는 편이다. 시내에서 선착장까지 그리 멀지 않으니 투어상품을 선택하는 기준은 미팅장소보다는 어떤 액티비티를 제공하는가에 달렸다. 스노쿨링 횟수, 방문하는 섬, 이외 추가적인 활동과 점심식사 무료 제공여부 등을 확인하고 자신의 취향에 맞춰 예약하는 것이 좋다.

대표장소 혼땀(Hòn Tằm), 혼문(Hòn Mun), 혼못(Hòn Một)
추천업체 베나자 (gdaytour.kr / 02-2297-3137), 레츠비 (smartstore.naver.com/crazypartyhopping / 1588-3819), 투어픽 (tourpik.com / 1877-3242), 스타인월드 (starinworld.com / 1522-1319)
준비물 현금, 수영복, 선글라스, 선그림, 모자
평균 비용 585,000VND (31,600KRW)−
소요 시간 반나절

서핑 강습

서핑보드 한 번 들어본 적 없는 서핑 초보도, 국내의 잔잔한 파도가 지겨운 서핑 중수와 고수도 모두 환영하는 냐짱의 서핑 강습 투어. 친절하고 열정적인 강사님들은 수강생들의 인생샷 남겨 주기에도 열정이 불타오른다. 대부분 검은 수트를 입어야 하는 국내 서핑 강습과 달리, 자율복장 규정으로 예쁜 수영복을 입고 바다 위의 멋진 내 모습을 잔뜩 남길 수 있는 절호의 기회. 한국어가 불가능해도 No Problem! 몸으로 눈빛으로 바다와 소통하며 자연스레 흐르는 파도에 몸을 맡겨 보자.

대표장소 바이다이 해변(Bãi Dài), 혼쫑곶(Hòn Chồng),
추천업체 나트랑 로컬서프 (@nhatranglocalsurf), 싱글핀 서핑스쿨 (@singlefinsurfschoolvn), 캄서프캠프 (@camranhsurfcamp)
준비물 수영복, 선크림, 수건, 여벌옷, 세면도구
평균 비용 900,000~1,400,000VND (48,600~75,600KRW)
소요 시간 2시간

크루즈 투어

부모님을 모시고 해외여행을 하며 효도하고 싶은 마음은 누구나 굴뚝같다. 그런 효자, 효녀들을 위한 크루즈 투어. 대부분의 크루즈 투어 상품들의 이름에 꼭 '황제', '럭셔리' 등의 수식어가 붙는 이유는 그만큼 품격 있고 편안한 여행을 제공하기 때문이다. 국내에서 이용하기 힘든 넓고 고급스러운 시설의 크루즈에서 코스요리, 라이브공연, 클래식연주 등 다양한 일정을 즐길 수 있다. 가족 혹은 연인과 오붓한 시간을 즐기며 아름다운 선셋을 본 황홀경은 여행이 끝난 후에도 오랫동안 머릿속을 맴돈다.

추천업체 베나자 (@venaja_nhatrang / 02-2297-3137), 몽키트래블(@monkeytravel.official / 070-7010-8266), 베트남 피크타임 (@peaktime_official / 0507-1361-3268)

준비물 멀미약, 선글라스, 모자, 카메라
평균 비용 990,000VND(53,500KRW)~
소요시간 4시간 30분

골프 클럽

국내 날씨가 쌀쌀해져 야외 골프를 즐기기 어려워질 때면, 많은 골퍼들이 따뜻한 휴양지를 찾아 떠나곤 한다. 그중 냐짱은 우리나라뿐만 아니라 전 세계 골퍼들에게 천국이다. 1년 365일 따뜻한 기후의 냐짱은 가족끼리 편안하게 라운딩을 즐기기에도 안성맞춤이며, 해외 골프여행의 로망을 실현할 수 있는 완벽한 선택지다.

바다와 어우러지는 아름다운 자연 경관과 고급스러운 시설을 자랑하는 냐짱의 골프클럽들은 골프 애호가들의 여행을 더욱 풍부하게 만들고, 여행사나 온라인 플랫폼이 제공하는 골프패키지는 언어와 교통 등의 불편함을 해소해 준다. 냐짱에서 손꼽히는 골프장은 다음과 같다.

1) 빈펄 골프 (Vinpearl Golf Club Nha Trang)

포브스 잡지에도 소개될 만큼 세계적으로 유명한 빈펄 골프 클럽은 혼째섬에 위치한 18홀 규모의 챔피언십 골프장이다. 그린과 페어웨이 관리 상태가 우수할 뿐만 아니라 모든 시설이 관리가 잘 되어있다. 모든 홀에서 바다 전망을 즐길 수 있으며, 코스에서 만나는 원숭이나 사슴들을 보고 잠시 멈춰 사진을 찍는 재미도 있다.

📍 Hòn Tre, Vĩnh Nguyên, Nha Trang 📞 +84814982828
🌐 vinpearl.com/ko *한국어 웹사이트 🕕 6:00-19:00

2) 다이아몬드컨츄리클럽 Sân Golf Diamond Bay (Diamond Bay Golf & Villa)

잔디 수준이 나쁘지 않고 코스가 재미있기로 소문난 다이아몬드베이CC는 특히 푸른 바다, 하얀 백사장, 울창한 열대숲, 웅장한 산 등 자연과 융화된 골프천국에 온 듯한 전경을 자랑한다. 18홀, 72파, 7,244야드로 국제적인 규모의 골프코스를 보유하고 있으며 바다를 향해 공을 치는 드라이빙 레인지가 멋진 풍경을 만든다. 단점은 페어웨이가 좁고 다른 클럽에 비해 가격대가 높은 편이다.

- Nguyễn Tất Thành, Phước Đồng, Phước Hạ, Nha Trang +842583711722
- diamondbaygolfvillas.com/ko *한국어 웹사이트 6:00-20:00

3) KN링크스 Sân KN Golf Links (KN Golf Links)

세계적인 골프코스 디자이너 그렉 노먼(Greg Norman)이 디자인한 27홀 골프장. 소개한 세 곳 중 가장 최근에 지어진 골프장이라 규모가 넓고 최신식 시설로 갖추어져 있다. 깜란 국제 공항에서 차로 10분 거리에 위치해 일정 첫날이나 마지막날 방문해도 좋을 만큼 이동이 편리하다. 한국에서 경험하기 힘든 오리지널 링크스 구장이며, 연습용 레인지마저 천연잔디가 깔려 있다.

- KN Paradise / KN Golf Links Road, Cam Nghĩa, Cam Ranh, Khánh Hòa
- +842583999666 kngolflinks.com 5:30-19:00

머드온천 Suối khoáng nóng (Mud bath)

부드럽고 따뜻한 진흙이 온몸의 피부 깊숙이 영양을 스며들게 하는 냐짱의 머드스파는 자연이 선사하는 최고의 선물이다. 머드욕 이후, 취향에 따라 마사지나 워터파크, 온천욕을 즐길 수도 있어 어른 아이 너 나 할 것 없이 잊지 못할 힐링을 얻고 돌아온다. 냐짱의 대표적인 머드온천은 다음과 같다.

1) 탑바 온천 Suối khoáng nóng Tháp Bà (Thap Ba Mud bath)

주변 자연경관을 그대로 살린 풍경에 냐짱에서 가장 먼저 만들어진 머드온천. 오래되었지만 관리가 잘 되어 있어 방문객의 만족도가 높다. 수영장, 키즈풀, 폭포온천 등 부대시설이 알차며 한적하고 저렴한 편이다.

📍 438 Ngô Đến, Ngọc Hiệp, Nha Trang 📞 +84848578585 💵 약 150,000-350,000VND (8,100-18,900 KRW) 🌐 tambunthapba.vn 📘 fb.me/tramtrung.vn 🕗 7:30-17:00

2) 아이리조트 (I-Resort)

가장 규모가 넓고 최신식인 시설로 고급스러운 분위기가 특징이다. 조용한 분위기에서 온천을 즐기고 싶거나 오붓한 시간을 보내고픈 커플 여행객에게 추천하고 싶은 장소다. 두 개 15,000동의 삶은 계란과 베트남 소금의 맛이 일품이다.

📍 Tổ 19, Thôn Xuân Ngọc, Vĩnh Ngọc, Nha Trang 📞 +842583830141 💵 170,000-500,000VND (9,200-27,000KRW) 🌐 www.i-resort.vn 🕗 8:00-17:30

3) 100에그 머드 스파 Trăm Trứng 100 egg (100 Eggs Mud bath)

이름처럼 달걀을 모티브로 한 테마온천. 넓은 정원 곳곳이 달걀 모형의 포토스팟으로 꾸며져 있고, 키즈풀과 놀이시설이 잘 갖춰져 있어 아이들과 함께하기 좋다.

📍 Đại lộ, Nguyễn Tất Thành, Phước Trung, Nha Trang 📞 +84934156363
💰 약 150,000-300,000VND (8,100-16,200KRW) 🌐 tramtrung.vn 🕘 9:00-17:00

작가가 알려주는 머드온천을 100% 활용하는 Tip!

- 대부분 주말 오후엔 사람이 많은 편이니 오전이나 평일에 방문하는 것을 추천한다.
- 카메라나 휴대폰이 더러워질 수 있으니 방수팩을 준비하는 것이 좋다.
- 새벽비행으로 체크인(또는 체크아웃)시간이 애매한 경우, 반나절 일정으로 좋다.
- 간혹 머드가 이염이 될 수 있으니 어두운 계열의 수영복이나 버리는 속옷을 갖춰 입자.

✈ 나트랑 식사

퍼틴 Phở Thìn

단순한 쌀국수 식당이 아닌 하노이에서 시작한, 쌀국수(Phở)의 원조인 하노이 스타일의 깊고 진한 국물이 유명한 쌀국수 체인점. 특히 부드럽게 씹히는 고기의 육즙이 입안에 감도는 갈비 쌀국수(phở sườn cay tê)와 소곱창 쌀국수(phở lòng bò)가 유명하다. 푸짐한 구성에 비해 착한 가격을 유지하고 있으며, 여느 한국식당 못지 않게 위생적인 편이다.

📍 64c Nguyễn Thị Minh Khai, Tân Lập, Nha Trang 📞 +84969181403 👍 갈비 쌀국수, 소곱창 쌀국수 💵 약 90,000-149,000VND (4,900-8,000KRW) 🕐 6:00-21:00

퍼홍 Phở Hồng

늘 북적북적한 손님들과 식당 외부까지 퍼지는 진항 육수향으로 인해 지나가다 보기만 해도 저절로 궁금증이 생기는 퍼홍. 팬데믹 이전부터 오랜 시간 높은 재방문율을 유지하고 있으며 한국의 TV방송에도 출연한 적이 있다. 육수는 살짝 연하다는 평이 많아 호불호가 있으나 최근 이러한 여론을 신경썼는지 육수가 진해졌다는 말도 들려온다.

📍 40 Lê Thánh Tôn, Lộc Thọ, Nha Trang 📞 +842583512724 👍 소고기 쌀국수 💵 약 55,000-80,000VND (3,000-4,300KRW) *카드 결제 불가 🕐 6:00-23:00 (라스트오더 22:30)

퍼한푹 Phở Hạnh Phúc

콩카페에서 도보로 5분 거리에 위치해 한 번에 함께 방문하기 좋다. 현지인, 한국인 할 것 없이 늘 붐비는 퍼한푹의 뚝배기 쌀국수는 한국의 갈비탕이나 샤브샤브와 유사한 맛이 난다. 에어컨이 없어 노상테이블에 앉아 식사를 하기에 버거울 수 있지만, 이열치열의 마음으로 진한 쌀국수 한 그릇을 해치워버리면 여행 내내 괴롭던 냐짱의 더위가 한풀 꺾이는 느낌이다.

📍 19 Ngô Gia Tự, Tân Lập, Nha Trang 📞 +84978117235 👍 뚝배기 쌀국수
🍽 55,000-75,000VND (3,000-4,000KRW) *카드 결제 불가 🕐 6:00-21:00

크랩누들 Crab Noodle

좁은 골목길에 위치한 크랩누들은 현지 노부부가 운영하는 진정한 로컬푸드의 맛을 보여준다. 간판도 없이 메뉴 이름만 걸어둘 정도로 자신 있게 운영하며, 지도앱에 검색해도 정보 하나 없지만 현지인 관광객 너 나 할 것 없이 모두의 입맛을 만족시켜 늘 문전성시를 이룬다. 관광지 중심에 위치해 있음에도 냐짱 현지인들이 자주 찾는 곳이다. 특히 이곳의 게스프를 곁들인 국수(Bún Riêu)는 국물맛이 깔끔해 아침 식사로도 좋다.

📍 11 Nguyễn Thiện Thuật, Lộc Thọ, Nha Trang 👍 옥수수 국수, 게 국수
🍽 15,000-30,000VND (800-1,600KRW)

꽌 껌 엠 엔 케이 Quán Cơm M&K

베트남 쌀국수하면 보통 퍼(Phở)를 떠올리기 쉽지만, 해안 도시 냐짱에서는 분카(Bún cá)도 기억해두자. 생선으로 우린 깊고 깔끔한 국물에 쫄깃한 쌀국수면을 넣은 냐짱의 대표 쌀국수요리다. 쌀국수보다 가벼우면서도 감칠맛이 뛰어나 여행 중 부담없이 즐길 수 있는 한끼다. 그중 이곳은 화려한 관광객용 식당이 아니라, 현지인들이 일상적으로 찾는 서민음식점과 같은 곳이다. 해변과 가까이 위치해 실컷 물놀이를 즐긴 후, 수영복을 입은 채 들러 한끼를 즐기기에도 좋다.

📍 7 Nguyễn Thị Minh Khai, Lộc Thọ, Nha Trang 📞 +84902887056 🍴 소고기 쌀국수, 분카 쌀국수, 돼지고기 덮밥 💰 45,000-90,000VND (2,400-4,900KRW) 🕐 24시간 영업

분카 나트랑 79 Bún Cá Nha Trang 79

냐짱의 명물은 쌀국수인 분(bún)에 어묵과 생선, 해파리를 넣은 분카수아(Bún Cá Sứa)다. 오독오독 씹히는 해파리 특유의 식감과 독특한 향이 매력적이다. 한국인들이 붐비는 식당에 지친 이들은 이곳에 방문해 현지의 맛을 느낄 수 있다.

📍 15 Nguyễn Chánh, Lộc Thọ, Nha Trang 📞 +84349567877 🍴 분카수아, 분짜카 💰 30,000-50,000VND (1,600-2,700KRW) *카드 결제 불가 📘 fb.me/quanbuncanhatrang79 🕐 5:30-22:00

분카 하이카 Bún Cá Hai Cá

뻔한 고기육수 쌀국수가 지겹다면 야외에서 직원이 어묵을 튀기는 향에 끌리기 마련이다. 생선육수 베이스라 과음한 다음 날 해장하는 듯한 기분의 시원하고 깔끔한 맛이 일품이다. 동남아 향신료의 거부감을 느끼는 이들에게 추천하며, 다소 싱겁다는 평이 있으나 곁들여 먹을 수 있는 고추, 라임, 소스, 채소 등이 테이블마다 마련되어 있다.

📍 156 Nguyễn Thị Minh Khai, Phước Hòa, Nha Trang 📞 +84976477172 👍 오징어 어묵 쌀국수, 해파리 쌀국수 💵 30,000-55,000VND (1,600-3,000KRW) *카드 결제 불가 🕕 6:00-21:30

분보후에 100 Quán Bún Bò Huế 100

베트남 중부지역의 쌀국수는 우리가 알고 있는 퍼(phở)가 아닌 분(bún)이 주메뉴다. 가장 유명한 메뉴인 분보후에(Bún bò Huế)를 판매하는 로컬식당. 부드럽게 씹히는 고기와 툭툭 끊어지는 쌀국수는 한여름에 먹는 갈비탕 마냥 더운 날씨에 "캬, 시원하다!"하고 절로 외치게 하는 맛이다. 냄새 없이 깔끔한 국물 맛은 맥주를 당기게 할 수 있으니 미리 근처 편의점에서 한 캔 사가는 것도 좋다.

📍 100 Ngô Gia Tự, Phước Tiến, Nha Trang 👍 분보 💵 17,000-33,000VND (900-1,800KRW) *카드 결제 불가 🕕 7:00-22:00 (화 14:00-15:00 브레이크 타임)

척칩 Khoai lang lắc Chúc chíp

이 책을 읽는 독자분들만큼은 길거리 음식도 아무거나 드시지 않길 바란다. 베트남어로는 '쭉찝'이라고 발음하는 '척칩'은 학교 앞의 분식가판대처럼 소소한 규모의 간식판매점이다. 현지인들도 줄 서서 먹는 고구마 튀김(Khoai lang lắc)을 판매한다. 반드시 1인 1라지사이즈를 추천하며 어렸을 적 먹던 불량식품을 떠올리게 한다. 냐짱 경치를 구경하며 걷는 내내 계속 손이 가게 하는 중독적인 맛이다.

58 Võ Trứ, Phước Tiến, Nha Trang +84935000867 고구마 튀김 (치즈맛)
10,000-20,000VND (500-1,000KRW) *카드 결제 불가 khoai lang lac chuc chip
14:30-20:30

반미 판 bánh mì Phan

현지인들에게 반미는 주로 포장한 후 가져가는 음식인지라 매장이 좁은 경우가 많다. 이처럼 반미 판 1호점은 대기줄이 길 때가 많지만, 최근 오픈한 2호점은 한산한 편이며 매장이 넓고 에어컨이 있다. 맛은 짭조름한 편이며 간이 잘 배어 있어 겉은 바삭 속은 촉촉한 완벽한 조화를 보여 준다. 지친 여행 중 잠시 에어컨 바람을 쐬며 먹는 간식용, 식사용 모두 어울린다. 한국인들에게 소고기 치즈가 가장 인기가 많다.

(1호점) 164 Bạch Đằng, Tân Lập, Nha Trang / (2호점) 35/3 Nguyễn Thiện Thuật, Lộc Thọ, Nha Trang +84372776778 소고기 치즈 반미, 돼지고기 반미 25,000-55,000VND (1,400-30,000KRW) *카드 결제 불가 fb.me/banhmiphannhatrang 7:00-21:30

알파카 홈스타일 카페 Alpaca Homestyle Café

알파카의 복슬복슬한 털처럼 코지함이 가득한 브런치 카페이자 레스토랑. 보드라운 천과 현지 예술가들의 작품들로 꾸민 인테리어가 러블리함을 더한다. 특히 호텔 조식보다 더 풍부하고 구성이 알찬 브런치로 유명한 브런치 맛집이다. 브런치뿐만 아니라 아침부터 저녁까지 식사도 가능하며, 의사소통이 약간 느릴 수 있으나 직원들이 매우 친절하는 평이 많다.

10/1B Nguyễn Thiện Thuật, Lộc Thọ, Nha Trang +84367282982 파스타 브런치, 해산물 요리 55,000-345,000VND (3,000-18,600KRW) @alpaca_nhatrang 8:00-21:30

짜오마오 Chào Mào

노랑노랑한 건물은 외관부터 짜오마오가 반쎄오 맛집임을 보여준다. 반쎄오뿐만 아니라 해산물 미꽝(Mì Quảng Hải Sản)은 꼭 함께 주문해야 하는 필수메뉴이며, 맛조개 마늘볶음 (Ốc Móng Tay Cháy Tỏi)은 이른 저녁 생맥주와 함께 곁들여 먹는 술안주로 금상첨화다. 인스타그램을 통해 연락하면 영어로 답변을 받을 수 있으니 미리 예약 후 방문하자.

166 Mê Linh, Tân Lập, Nha Trang +842583510959 반쎄오, 미꽝, 맛조개 마늘볶음 45,000-190,000VND (2,400-10,200KRW) @chaomao.vn fb.me/nhahangchaomao 11:00 - 21:00

안토이 Ăn Thôi

한국인 리뷰가 5,000개가 넘을 정도로 우리 입맛에 호불호가 적은 보증된 식당. 생각보다 현지 음식이 입맛에 맞지 않는 사람들이 안토이를 찾는 데에는 그만한 이유가 있다. 95%가 한국인 손님인 만큼 대부분의 메뉴와 안내판이 한국어로 되어 있어 부담이 적고, 간혹 웨이팅이 있지만 회전율이 빠른 편이다.

📍 03 Ngô Đức Kế, Tân Lập, Nha Trang 📞 +84333065574 🍴 반쎄오, 분짜, 넴루이, 파인애플 볶음밥 💰 100,000-300,000VND (5,400-16,200KRW) 📷 @anthoi.nhatrang 🕐 10:30-22:00

곡 하노이 Góc Hà Nội

유명 카페인 CCCP 맞은편에 위치한 베트남 가정식 식당이다. 통통한 웰시코기들이 가게를 지키고 있는 게 귀여운 포인트다. 전반적으로 호불호 없이 다들 맛있게 먹었다는 리뷰가 많으며, 대부분의 음식이 향이 강하지 않아 베트남 음식에 대한 첫 도전을 시도해 볼 만한 곳으로도 추천하고 싶다. 시내 중심에 위치해 있어 접근성이 좋고, 야외 테이블에서 바라보는 바깥의 분위기도 괜찮다. 웨이팅 없이 바로 들어갈 수 있는 경우가 많으며, 전체적으로 화려하지 않지만 계속 떠오르는 편안한 맛을 즐길 수 있는 곳으로, 관광객과 현지인 모두가 찾을 만큼 부담 없이 방문하기 좋다.

📍 142 Bạch Đằng, Tân Lập, Nha Trang 📞 +842583511522 🍴 분짜, 넴 느엉, 볶음밥, 모닝글로리 볶음 💰 50,000-135,000VND (2,700-7,300KRW) 📘 fb.me/comnhagochanoi 🕐 10:00-21:00

라냐 Là Nhà

개인적으로 정갈한 베트남 가정식은 따뜻한 집밥만큼 좋다. 모든 메뉴가 전체적으로 맛있는 편이며 예약하지 않아도 자리가 꽤 있는 편이다. 가장 인기 있는 메뉴는 뚝배기그릇에서 모락모락 김을 내뿜는 매콤 소곱창 쌀국수(Phở lòng bò cay). 라냐는 음식뿐만 아니라 각종 과일을 활용한 음료가 유명한 편이니 코코넛이나 망고 스무디 등을 함께 주문해 보자.

📍 102 Hồng Bàng, Tân Lập, Nha Trang 📞 +842582477377 👍 매콤 소곱창 쌀국수, 코코넛 스무디, 망고 스무디 💵 50,000-349,000VND (2,700-18,800KRW) 📷 @lanha.vn
📘 fb.me/lanharestaurant 🕐 11:00-22:00

냐벱 나트랑 Nhà bếp Nha Trang

'냐벱(nhà bếp)'은 주방, 부엌이라는 뜻으로, 깔끔하게 신경 쓴 인테리어와 위생적인 셰프들이 내놓는 다채로운 현지식은 까다로운 부모님들 입맛에도 잘 맞는다. 쏨머이 시장 근처에 위치해 이동에 용이하며 한국인뿐만 아니라 서양인 고객들도 가득하다. 우리나라 한정식처럼 깔끔하고 정갈한 가정식 세트와 한 입 베어 물면 깨끗한 기름과 바삭함이 터지는 짜조(chả giò), 그리고 건강한 풍미의 코코넛 샐러드 등이 인기다.

📍 01 Ngô Đức Kế, Tân Lập, Nha Trang 📞 +84865812156 👍 짜조, 코코넛 샐러드, 넴 느엉, 모닝글로리 💵 99,000-210,000VND (5,300-11,300KRW) 🕐 10:30-21:30

촌촌킴 Cơm nhà Chuồn Chuồn Kim (Chuon Chuon Kim retaurant)

베트남어로 '작은 잠자리'라는 의미다. 그 이름에 걸맞게 내부는 조금 협소한 편이지만 자전거, 유모차 등의 감성적인 소품들과 자연친화적인 인테리어, 버들잎가지들이 길게 늘어뜨려진 모습이 인상적인 베트남 가정식 식당이다. 아기자기한 접시와 그릇도 식사 중 입맛을 돋우며 월남쌈, 모닝글로리 볶음 등이 추천메뉴다. 홈페이지나 전화뿐만 아니라 카카오톡으로도 예약이 가능하다.

📍 89 Hoàng Hoa Thám, Lộc Thọ, Nha Trang 📞 +84943055155 👍 월남쌈, 소고기 모닝글로리 볶음, 오징어 구이 💰 40,000-195,000 VND (2,200-10,500KRW) 🌐 chuonchuonkim.net 💬 chuonchuonkim 🕐 10:30-21:00

넴 느엉 당반꾸엔 Nem nướng Đặng Văn Quyên

대성당 근처에 위치한 나트랑 맛집을 검색하면 늘 상단을 차지하는 유명맛집이다. 넴 느엉(nem nướng)의 넴(nem)은 '베트남식 튀김만두'이고, 느엉(nướng)은 '구이'라는 뜻으로 넴 느엉이 들어간 분팃느엉(bún thịt nướng)이 작가의 최애메뉴다. 현지인, 관광객 너 나 할 것 없이 늘 붐비는 곳으로, 100m 거리에 지점이 하나 더 있으니 가게가 붐빌 경우 2호점을 방문해 보자.

📍 16A Lãn Ông, Xương Huân, Nha Trang 📞 +842583826737 👍 넴 느엉, 분넴느엉, 짜조 💰 40,000-160,000VND (2,200-8,600KRW) *카드 결제 불가 🌐 nemdangvanquyen.vn 📘 fb.me/Nemdangvanquyen 🕐 7:30-20:30

어이 나트랑 Oi Nha Trang

한국인 관광객보다 현지인이 더 많은 식당. 베트남 전통요리부터 태국음식, 피자, 파스타, 햄버거까지 다양한 국가의 대표메뉴들이 있어 아이들이나 어르신을 모시고 가도 크게 고민이 없는 메뉴선택의 정원이다. 예쁜 인테리어 덕에 맛과 분위기 모두 만족스러우며 한국어 메뉴판과 사진이 있어 쉽게 주문이 가능하다. 해산물요리나 랍스터, 스테이크 등이 한국에 비해 저렴한 동시에 훌륭한 퀄리티를 보여 준다.

📍 11 Yersin, Lộc Thọ, Nha Trang 📞 +84908948989 👍 모닝글로리 볶음, 스테이크, 랍스터, 삼겹살 구이 💰 39,000VND (2,100KRW)~ 🌐 www.oinhatrang.com
📷 @oinhatrang_nhatrang 🕐 6:30-22:30

루엉쏭깡 Lương Sơn Cảng

사실 냐짱의 해산물은 어디든 비슷한 요리법과 맛을 보장하니 어느 곳이든 방문해도 크게 불만족스럽지 않다. 이 중 루엉쏭깡은 저렴한 가격과 평점 4.9점의 높은 평가를 얻는 해산물식당이다. 냐짱 스타일의 해산물 반쎄오부터 굴, 오징어와 랍스터까지 다양한 해산물요리를 만나 볼 수 있다. 랍스터는 사이즈별로 약 40만동부터 250만동까지다.

📍 4 Hùng Vương, Lộc Thọ, Nha Trang 📞 +84889637979 👍 반쎄오, 오징어 볶음, 치즈 굴 구이, 가리비 구이, 맛조개 마늘 볶음 💰 75,000VND (4,000KRW)~ *카드 결제 불가
📷 @luongsoncang_restaurant89 🕐 24시간 영업

락 깐 Quán bò nướng Lạc Cảnh (Lac Canh Beef restaurant)

블로그 광고만 따라다니느라 지쳤다면 진정한 로컬 분위기의 평범한 맛집을 방문해 보자. 한국인 관광객 위주 식당의 특징인 한국어 메뉴나 에어컨이 없으며, 충분한 위생을 기대할 순 없으나 여행 중 가장 기억에 남을 화로 숯불구이 요리 맛은 보장한다. 주인가족끼리만 공유하며 대대로 이어져오는 비밀레시피가 존재한다. 베트남에서 학창시절을 보낸 작가에겐 추억의 장소이자 늘 지인들을 필수로 데려가는 곳 중 하나다.

77 Nguyễn Bỉnh Khiêm, Xương Huân, Nha Trang +842583821391 숯불 소고기, 오징어 구이 35,000-270,000VND (1,900-14,600KRW) *카드 결제 불가 10:00-22:00

그릴 가든 2 Grill Garden 2

유난히 저렴한 가격 덕분에 늘 현지인들이 줄을 길게 늘어선 곳이니, 그릴 가든의 예약은 선택이 아닌 필수다. 저렴한 금액으로 좋은 퀄리티의 해산물을 즐겨볼 수 있으며 테이블을 빼곡하게 채운 음식은 그 종류와 가짓수가 셀 수 없이 많다. 원하는 음식을 접시에 담아 가져와 직접 숯불에 구워 먹는 방식이다.

86C Trần Phú, Lộc Thọ, Nha Trang +84917079077 조개, 새우, 악어, 개구리 255,000VND (13,800KRW) /인당 fb.me/grillgarden.vietnam @grillgarden.vn 17:00-22:00

쏨모이 가든 Xóm Mới garden

냐짱 시내 중심에 위치해 6종류의 다양한 식당을 한 자리에서 방문할 수 있는 파인 셀렉다이닝 명소. 쌀국수, 해산물 등 냐짱에서 흔히 볼 수 있는 식당은 물론 전통 웨스턴스타일의 바비큐식당부터 반미전문점이나 카페까지 다양한 지점이 입점해 있다. 한국업체와 제휴를 맺은 갖가지 할인혜택이 많으니 참고하자.

📍 144 Võ Trứ, Tân Lập, Nha Trang 📞 +84777651004 🍽 넴 느엉, 분짜, 월남쌈
💵 65,000-245,000VND (3,500-13,200KRW) 📷 @xommoigarden 🕐 6:30-22:00

가네시 Ganesh

베트남음식이 입맛에 맞는다면 현지 전통 인도요리도 도전해 보자. 물론 메뉴에 따라 베트남요리 특유의 향이 맞지 않는 사람들을 위한 대안이 될 수도 있다. 베트남 전역에 6개의 체인점을 두고 있는 유명 인도 레스토랑. 우리나라의 커리식당들 그 이상의 맛을 보여준다. 안정적인 맛으로 대부분의 메뉴가 실패 확률이 적으며 치킨 케밥, 양고기 커리 등을 저렴한 가격에 맛볼 수 있다.

📍 186 Hùng Vương, Lộc Thọ, Nha Trang 📞 +842583526776 🍽 양고기 커리, 치킨 케밥, 갈릭 난 💵 50,000-200,000VND (2,700-10,800KRW) 📘 fb.me/happytoserve1234
🕐 11:00-22:30 (월화 9:00-22:30)

반다나 개스트로펍 Vandana Gastropub

냐짱 북쪽 혼쫑곶 근처에 위치한 숨은 인도요리 맛집이다. 특히 이곳의 카레는 깊은 맛이 나면서도 향신료가 과하지 않아 한국인 입맛에도 잘 맞는다. 감자튀김은 냉동이 아닌 직접 만든 신선한 감자튀김을 사용하여 꼭 먹어 봐야 할 메뉴 중 하나이며, 합리적인 가격도 매력적이다. 아침에는 조용한 브런치카페, 저녁에는 춤과 함께 맥주를 즐길 수 있는 펍으로 변신하는 매력적인 공간. 인도요리뿐만 아니라 피자 등도 맛이 좋으며, 해변 가까이에 위치해 있어 여행객들에게 좋은 휴식처가 된다.

- 11 Đặng Tất, Vĩnh Hải, Nha Trang
- +84375136492
- 치즈버거, 피자, 난, 치킨 커리, 감자튀김
- 70,000-190,000VND (3,800-10,200KRW)
- @vandana_indian_restaurant
- 7:00-00:00AM

피스트 레스토랑 디너뷔페 Feast Restaurant

쉐라톤 냐짱의 시그니처 레스토랑으로 호텔 내부에 위치해 있다. 고급스러운 분위기와 해양테마로 꾸며진 내부에서 바다전경을 바라보며 식사를 즐길 수 있다. 신선한 랍스터, 새우, 조개, 초밥 등과 드링크가 무제한 제공되는 피스트는 특히 디너뷔페의 화려하고 생동감 넘치는 라이브공연이 눈과 입을 모두 즐겁게 해 준다. 바다를 볼 수 있는 창가자리는 미리 예약을 해 두는 것이 좋으며, 여행사나 여행카페를 활용하여 할인을 받아 보자.

- 26-28 Trần Phú, Lộc Thọ, Nha Trang
- +842583880000
- 랍스터, 총알 오징어, 디저트 케이크
- 1,288,000VND (69,600KRW)
- 18:00-22:00

스팀 앤 스파이스 Steam n' Spice

퓨전 아시아음식과 중국요리를 제공하는 5성급 중식당 스팀 앤 스파이스는 쉐라톤 호텔의 또 다른 자랑거리다. 고급 중식당 치고는 합리적인 가격으로 베이징에서 다년간 경력을 쌓은 일류셰프들이 제공하는 다양한 메뉴와 중국식 일품요리를 만나볼 수 있는 좋은 기회다. 특히 이곳의 런치세트는 전통 중국요리의 에피타이저, 딤섬, 디저트까지 풀코스로 품격 있는 점심 식사를 할 수 있다.

📍 26-28 Trần Phú, Lộc Thọ, Nha Trang 📞 +842583880000 👍 딤섬, 마파두부, 베이징덕
💵 68,000-768,000VND (3,700-41,500KRW) 🕐 11:00-14:00 / 18:00-22:00

다이닝 바이 더 락스 Dining by the Rocks

식스센스 닌반베이의 시그니처 레스토랑으로 최고급의 맛, 최고급의 서비스를 지향한다. 다이닝 바이 더 락스라는 이름처럼 바위 위, 높은 언덕에 자리하고 있어 깨끗한 에메랄드빛 바다가 내려다보이며 프라이빗하고 로맨틱한 만찬으로 손색이 없다. 이 외에도 '다이닝 바이 더 베이', '다이닝 바이 더 케이브' 등 다양한 테마의 최고급 레스토랑이 있다.

📍 Ninh Vân, Ninh Hoa, Khánh Hòa 📞 +842583524268 🕐 6:30-22:30, 리조트 숙박 시 식사 예약 가능

인디스 키친 Indy's Kitchen

예쁜 카페 같은 분위기의 한국 유명 맛집으로도 손색이 없는 이곳은 친절한 한국인 사장님께서 직접 서빙하며 운영하는 진정한 한식 맛집이다. 김치찌개, 국밥, 떡볶이, 냉우동까지, 베트남 현지 물가에 맞춰 적절한 가성비의 현지에서 맛보는 진짜 한국 집밥이 여기에 있다. 가장 마음에 드는 점은 2인분 같은 1인분으로 양이 많다는 점. 러시아인 밀집 지역에 위치해 있어, 더욱 이국적인 분위기에서 한식을 맛볼 수 있는 이색적인 곳.

📍 39 Phạm Ngọc Thạch, Vĩnh Hải, Nha Trang 📞 +84865491827 🍴 초계 냉우동, 명란구이, 돼지국밥 💵 120,000-280,000VND (6,500-15,100KRW) 🕘 9:30-24:00 (브레이크 타임 12:30-17:00)

베테랑 Veteran

한국인 사장님이 직접 운영하는 곳으로, 고향의 맛이 그리울 때 방문하기 좋다. 삼겹살, 갈비는 기본이고 소고기 특수부위까지 한국의 고깃집을 그대로 가져온 한식 고기구이 레스토랑. 김치찌개, 된장찌개, 순두부찌개 등 장기여행에 지친 여행자들에게 안식처가 되어 주기도 하며, 직원들이 직접 고기를 구워 주기 때문에 한국보다 편리하게 고기구이를 즐길 수 있다.

📍 126B Hồng Bàng, Tân Lập, Nha Trang 📞 +84903351037 🍴 모듬 구이, 된장찌개, 냉면, 계란찜 💵 150,000-1,300,000VND (8,100-70,200KRW) 📷 @veteran.nt 🕘 11:00-23:00

코리아 킹 짬뽕 Korea KING JJAMPPONG

냐짱에서 한국 스타일의 얼큰한 짬뽕을 맛볼 수 있는 한국식 중식당. 오픈한 지 얼마 되지 않아 깨끗하고 쾌적한 공간으로, 프라이빗룸까지 제공되어 조용히 식사하기 좋다. 에어컨도 강하게 나와 뜨거운 짬뽕을 시원하게 즐길 수 있다. 한국에서도 찾기 어려운 깊고 얼큰한 국물이 일품이며, 해산물의 도시 냐짱에 있는 식당답게 불향 가득한 해산물이 푸짐하게 들어있어 시원한 감칠맛을 느낄 수 있다. 짜장면은 개인적으로 다소 달아 아쉽다는 의견이지만 면발이 쫄깃하여 아이들을 데리고 오기 좋다. 식후 아이스크림까지 제공되어 가족여행 중 매콤한 한국음식이 그리워진다면 이곳을 방문해 보자.

📍 34F Nguyễn Thiện Thuật, Tân Lập, Nha Trang 📞 +84335884556 🍴 삼선짬뽕, 탕수육, 마파두부, 칠리새우 💰 150,000-240,000VND (8,100-13,000KRW) 💬 whdrn4343
🕙 10:00-3:30AM

✈ 나트랑 카페 & 펍

안 카페 AN café

우리나라의 전통 찻집처럼 운치 있는 분위기를 자랑하는 안 카페. 원목으로 이루어진 공간과 카페 내부의 새장, 그리고 작은 연못으로 인해 마치 숲속에 들어온 듯한 착각을 불러일으킨다. 바람이 솔솔 불어오는 날엔 야외테이블에서, 해가 강하게 내리쬐는 날엔 내부에 머무르면 시원한 에어컨바람이 여행 중 더위를 한 김 식혀준다. 1호점부터 3호점 모두 유사한 분위기로, 세 곳 모두 방문해도 좋지만 시간이 부족하다면 위치가 가장 좋은 2호점을 추천한다.

📍 (1호점) 40 Lê Đại Hành, Tân Lập, Nha Trang / (2호점) 24 Nguyễn Trung Trực, Tân Lập, Nha Trang / (3호점) 10 Tô Hiến Thành, Tân Lập Nha Trang 📞 (1호점) +842583510588 / (2호점) +842583510109 / (3호점) +842583511199 🍴 코코넛 아이스크림, 코코넛 커피 💵 39,000-59,000VND (2,100-3,200KRW) 🕐 6:30-22:00

정글 커피 Jungle Coffee

상대적으로 한국인에게 덜 알려져 있으나 현지에선 유명한 정글 카페. 이름 그대로 나무로 잔뜩 덮여 정글에 둘러싸인 듯한 외관은 괜히 들어가기 꺼림칙한 기분마저 들게 하지만, 내부에 입장하는 순간 정원컨셉의 따뜻한 조명이 내리쬐어 마치 식물원에 온 듯한 기분이 든다. 시끌벅적한 관광지 시내에서 약간 벗어나 조용한 분위기와 과하게 달지 않은 음료가 편안한 쉼을 제공하는 힐링공간이다.

📍 8 Lê Quý Đôn, Phước Tiến, Nha Trang 📞 +84935388511 🍴 망고바나나 스무디, 아보카도 스무디, 믹스베리 스무디 💵 27,000-65,000VND (1,500-3,500KRW) 🕐 6:20-22:30 (금 8:00-22:30)

올라 카페 Ola café

나트랑 디저트 3대장을 책임지고 있는 올라 카페. 외관부터 독특한 토기형태를 띠고 있으며, 특이한 핑크빛 내부는 도자기 속 동굴에 들어온 듯한 느낌이다. 커피와 논커피(Non-coffee), 요거트, 케이크, 크루아상까지 나트랑 디저트카페의 대표격에 걸맞은 다양한 메뉴를 선보이며 시그니처메뉴는 말차 마치아토다. 다양한 포토스팟이 있지만 직접 방문하면 실제로 보는 것만 못하다는 생각이 든다. 굳이 꼽자면 의자가 편안하지 않았다는 기억이 아쉬움으로 남아 있다.

📍 31 Nguyễn Hữu Huân, Phước Tiến, Nha Trang 📞 +84931119389 👍 망고키위 요거트, 클라우디 커피, 요거트치즈 케이크, 패션후르츠피치 소다 💰 49,000-58,000VND (2,600-3,100KRW) 🕐 7:30-22:00

P2 카페 P2 CAFÉ

깔끔한 인테리어와 열정적이고 활기찬 직원들의 웃음소리가 기분 좋은 곳. 시원한 에어컨이 있는 내부와 바람이 살랑살랑 부는 2층의 발코니는 더운 날씨에 지친 우리의 땀을 식혀준다. 커피 종류가 다양하고 원두와 드립백도 따로 판매하여 선물용으로도 적당하다. 한국인 관광객을 대상으로 짐 보관 서비스를 제공하는 센스도 발휘한다. 다만 현지 카페에 비해 가격이 높은 편이다. 네이버 카페 '나트랑 도깨비'와 제휴되어 있어 카페회원에게는 할인혜택도 있으니 놓치지 말자.

📍 3 Hùng Vương, Lộc Thọ, Nha Trang 📞 +942586281439 👍 아이스 아메리카노, 라떼, 망고 스무디, 드립 커피 💰 45,000-79,000VND (2,400-4,300KRW) 🕐 7:00-22:00

가 콘셉트 GA Concept

확 트인 인테리어, 기분 좋은 선곡과 도로를 지나다니는 오토바이 소리, 냐짱 바다의 파도소리가 함께 어우러져 베트남을 느낄 수 있는 곳. 담 시장 근처에 위치하여 오고 가는 길에 들르기에도 적당하다. 베트남의 모던한 멋쟁이들이 찾아오는 이곳은 깔끔하고 편안한 분위기에서 로컬 스타일의 커피를 즐길 수 있다. 사방이 뚫려 있어 시원하고 개방감 있는 공간이지만 흡연자의 담배냄새가 나고 에어컨이 없다는 단점이 있으며, 체인점마다 맛이 다르다는 이야기가 있다.

- 5a Lê Lợi, Xương Huân, Nha Trang
- 박씨우 커피(Bạc xỉu), 초콜릿 데니쉬, 에그커피, 밀크티
- 25,000-55,000VND (1,400-3,000KRW)
- 7:00-22:00

구루 내추럴 Guru Natural

커피매니아라면 반드시 방문해야 할 카페. 러시아인 바리스타 사장님이 운영하는 카페로 고급원두만 취급하는 원두전문점이다. 보통 동남아스타일의 화려한 인테리어나 저렴한 가격대의 카페와 달리, 인테리어가 평범하고 오롯이 커피맛에만 집중했다는 점이 오히려 매력적인 곳이다. 다양한 원두라인업을 갖추고 있으며 워시드, 내추럴, 아나에어로빅 3가지 프로세싱의 베트남빈을 모두 가지고 있다. 여러 원두향을 시향해 본 후 원두를 선택할 수 있다.

- 3B. Âu Cơ, Phước Tân, Nha Trang
- +84971700842
- 고급 원두커피, 핸드드립 커피
- 35,000-150,000VND (1,900-8,100KRW)
- @gurunatural
- 7:30-22:00

안 커피 로스터스 Anh coffee Roasters

현지 바리스타들 사이에서 자주 이름이 언급되는 로스팅카페. 매장이 화려하지 않고 협소하지만 커피맛과 친절함은 인상적인 곳이다. 원두에 대한 친절한 설명과 시향할 수 있는 기회를 제공하는, 커피에 진심인 사장님의 눈빛이 기억에 남는다. 베트남 사람들이 가장 커피를 많이 마시는 오전 시간대엔 붐비는 편이라 자리가 없는 경우도 있으니 느지막한 오후에 방문하는 것이 좋다.

140 Đ. Hoàng Hoa Thám, Lộc Thọ, Nha Trang +84563018139 아이스 연유 커피, 스페셜티, 핸드드립 커피 26,000-60,000VND (1,400-3,200KRW) @anhcoffeeroasters 5:30-17:30

티핀 디저트 앤 커피 Tiffins desserts and coffee

주택가 골목길 사이를 누비며 이른 아침 조깅 중, 느긋이 가게문을 열고 있는 사장님의 차분한 표정에 이끌리듯 들어가게 되는 카페. 조용히 책을 읽거나 노트북을 가져와 작업하기 좋은, 나만 알고 싶은 작은 공간이다. 이와 달리 메뉴판은 독특하고 형형색색의 음료와 디저트가 많다. 식사도 판매하기 때문에 현지인들의 아침 식사 장소로도 유명하다.

29 Nguyễn Hữu Huân, Phước Tiến, Nha Trang +84888000529 아이스 아메리카노, 말차 에스프레소, 피치 우롱차, 티라미수 39,000-69,000VND (2,100-3,700KRW) 6:30-22:00

아틀라스 카페 Atlas Café

포나가르 사원과 나트랑 해변 근처에 위치해 잠시 한숨 돌리기 좋은 곳. 러시아인들이 밀집되어 살고 있는 집중 주거 지역이라 완전히 다른 분위기를 느껴볼 수 있다. 영문 메뉴판과 영어가 능숙한 직원들 덕에 쉽게 주문을 할 수 있으며, 작은 요청도 성심껏 들어준다. 음료뿐만 아니라 와인과 칵테일의 맛 또한 훌륭하다. 넓고 시원한 공간 덕에 편안하게 머무를 수 있으며, 여행이 아닌 일상 속 나만의 카페에 방문한 듯한 기분이다. 건물 틈새로 보이는 해변과 수영하는 이들을 지켜보며 책을 읽거나 조용히 음악을 들으며 사색하는 것이 어울리는 장소다.

📍 17A Cao Văn Bé, Vĩnh Phước, Nha Trang 📞 +84368288030 👉 스테이크, 파인애플 주스, 딸기 카라멜 라떼, 사과 주스, 와인 💵 35,000-90,000VND (1,900-4,900KRW) 📷 @atlascafe.nhatrang 🕐 8:00-21:00

콩카페 Cộng Cà Phê

이미 너무나도 유명해 설명할 필요가 없는 베트콩(Việt Cộng) 테마의 빈티지 카페. 나트랑 여행일정을 어떻게 세울지 고민이 된다면, 가만히 콩카페에 앉아 주변에서 들려오는 사람들 이야기에 귀를 기울이기만 해도 여행정보가 절로 들어온다. 높은 층고와 시원한 에어컨, 여러 개의 지점으로 여행에 지친 우리의 몸을 시원한 코코넛 커피와 함께 위로해주는 콩카페는 이제 베트남여행의 공식코스 중 하나가 된 지 오래다.

📍 23 Nguyễn Chánh, Lộc Thọ, Nha Trang / 97 Nguyễn Thiện Thuật, Tân Lập, Nha Trang 📞 +84978155523 / +84976522297 👉 코코넛 스무디, 연유 커피, 망고 빙수 💵 29,000-65,000VND (1,600-3,500KRW) 🌐 congcaphe.com 📷 @congcaphe 🕐 7:30-23:00

씨씨씨피 CCCP Coffee

콩카페와 닮은 듯 좀더 모던한 다른 느낌으로 한국인들이 많이 찾는 냐짱 카페 중 하나다. 대략 매장의 80-90% 고객이 한국인 관광객일 정도다. 이러한 한국인들의 사랑방이 된 이유는 시내 중심부에 위치한 데다가 강한 에어컨 바람으로 인해 여행자들이 지친 와중 방문하기 좋은 곳이기 때문이다. 각종 음료뿐만 아니라 맥주와 약간의 안주까지 한국어 메뉴판에 적혀 있어 몇 시간이고 쉬다 가고 싶은 곳이다.

📍 22 Tô Hiến Thành, Tân Lập, Nha Trang 📞 +84904118605 ☕ 솔트크림 커피, 코코넛 커피, 코코넛망고 스무디 💰 25,000-55,000VND (1,400-3,0000KRW) 📷 @cccpcoffee
📘 fb.me/CCCP.Coffee.NhaTrang 🕐 6:00-23:00

하이랜드 Highland

10년이 지나 강산은 변할지라도 작가의 하이랜드 사랑은 지금까지 변치 않고 현재 진행 중이다. 베트남 현대 커피문화의 중심에 서서 전국에 300개에 가까운 지점을 보유한 현지 대형 커피 프랜차이즈다. 현지물가에 친화적인 가격대와 커피뿐만 아니라 스무디, 아이스 블렌디드 음료, 반미 등의 간단한 빵과 케이크나 쌀국수까지 판매하기도 한다.

📍 62 Trần Phú, Lộc Thọ, Nha Trang 📞 +842583528177 ☕ 핀 커피, 젤리 커피, 연유 라떼
💰 29,000-79,000VND (1,600-4,300KRW) 📷 @highlandscoffeevietnam 🕐 7:00-23:00

푹롱 Phúc Long

50년간 베트남 국내 TOP3를 차지하고 있는 프랜차이즈 카페. 한국의 '공차'와 '스타벅스'를 합친 느낌으로 커피보단 밀크티와 차가 주력상품인 곳이다. 때문에 관광객보다는 늘 현지인들로 붐비는 곳이라 '콩카페'나 'CCCP' 등 한국인지 외국인지 분별할 수 없는 카페보다 리얼 현지분위기를 선호한다면 이곳을 방문해 보는 것이 좋다. 간혹 현지인들이 말을 걸기도 하여 로컬친구를 만들기도 좋은 곳이다.

📍 21 Ngô Gia Tự, Tân Lập, Nha Trang 📞 +842871001968 👍 전통 밀크티, 홍차
💰 30,000-65,000VND (1,600-3,500KRW) 📷 @phuclongcoffeeandtea 🕐 7:00-22:30

쭝웬 레전드 Trung Nguyên Legend

쭝웬은 처음 들어 보아도 쭝웬의 'G7커피'는 들어본 적이 있을 테다. 베트남의 명실상부 No.1 커피 프랜차이즈인 쭝웬은 단순한 커피숍이 아니며 베트남 커피사업을 세계적으로 소개하고 확장하는 데 중점을 두고 있다. 청결한 오픈식 주방과 고급스러운 커피맛은 전 세계 커피 애호가들이 찾는 중심에 있다. 여러 추천메뉴가 많지만 특히 카페스어다(cà phê sữa đá)의 고급진 풍미를 느껴보고 싶다면 방문해 보자.

📍 148 Võ Trứ, Tân Lập, Nha Trang 📞 +84913796560 👍 베트남식 드립 커피, 콜드브루, 이탈리아식 에스프레소 💰 29,000-73,000VND (1,600-3,900KRW) 🌐 trungnguyenlegend.com
📷 @trungnguenlegend 🕐 6:30-21:30

아이 엠 케이크 I Am Cake

이름만 들어도 케이크에 대한 자부심이 느껴지는 냐짱 MZ들이 모여드는 핫플 카페. 현지 10-20대가 주 고객층을 이루며 베트남엔 흔하지 않은 한국스타일의 화이트톤 인테리어로 꾸며진 카페다. 스무디와 케이크가 인기 있는 곳이니 커피보다 당이 끌리는 날에 방문하기 좋으며, 케이크를 포장해 여행 중 기념일을 즐기기도 좋다.

📍 17 Hát Giang, Phước Hòa, Nha Trang 📞 +842582202200 👍 에그타르트, 도넛, 레터링 케이크 🍽 30,000-50,000VND (1,600-2,700KRW) ❦ fb.me/iamcake17hatgiang
🕗 8:00-22:00

더 선 커피바 The Sun Coffee Bar

분위기 있는 사장님과 목가적인 내부로 아이스 아메리카노나 따뜻한 카푸치노 등이 어울리는 곳이다. 현지인들에겐 조금 부담스러운 가격대로 약간 호불호가 있는 편이지만, 흘러나오는 재즈, 클래식, 크리스천 음악과 커피향이 온 감각을 차분히 가라앉히는 장소다. 카페 인테리어와 어울리는 힙한 스타일의 멋쟁이 사장님이 내어주는 커피는 그의 열정이 그대로 담겨 있는 듯하다. 냐짱 시내 중심에 위치해 있어 바쁜 여행길 도중 잠시 시원한 에어컨 바람과 함께 쉬어 가기 좋은 곳.

📍 85 Bạch Đằng, Tân Lập, Nha Trang 👍 아이스 아메리카노, 소금 커피
🍽 50,000-95,000VND (2,700-5,100KRW) 📷 @cafeforthinkers 🕗 8:00-21:00

르 카페 Le Cafe_Specialty Coffee Nha Trang

혼쫑곶에서 택시로 5분 정도 거리에 떨어져 있는 현지 로컬카페. 베트남식 드립 커피가 아닌 커피머신을 이용하며, 한국어로 소통이 어렵지만 영어가 가능한 친절한 직원들로 인해 주문에 어려움이 없다. 전 직원이 직접 커피농장에 방문할 만큼 커피에 대한 지식과 열정이 넘치며, 커피맛이 좋기로 유명해 시간 들여 방문할 만한 가치가 있는 사랑스러운 장소다.

- 63 Điện Biên Phủ, Ba Làng, Vĩnh Hòa, Nha Trang
- +842583550088
- 드립 커피, 아메리카노, 코코넛 라떼, 코코넛 밀크, 콜드브루
- 22,000-55,000VND (1,200-3,000KRW)
- lecafe.vn
- fb.me/CafeNhaTrang.Lecafe
- 6:00-17:00

노라 커피 Nora Coffee

대학가 근처에 자리하고 있어 젊은 대학생들이 주 고객층이라 오랫동안 노트북 작업을 하거나 조용히 대화를 나눌 수 있는 혼쫑곶 인근 카페. 베트남의 젊은 활기를 느낄 수 있으며 시끌벅적한 관광객이나 가족단위 고객이 적어 사색을 즐기기 좋다. 다양한 원두로 로스팅된 커피를 제공하지만, 특히 개성 강하고 깊은 맛의 V60 드립 커피를 추천한다.

- 85 Đoàn Trần Nghiệp, Vĩnh Phước, Nha Trang
- +84798811779
- 모리, 핸드드립 커피
- 30,000-49,000VND (1,600-2,600KRW)
- @noracoffeeroastery
- 7:00-22:00

산타람 Shantaram

혼쫑곶 근처에 위치한 멕시칸 피자전문점. 러시아인이 운영하는 곳이라 베트남 현지인보다는 러시아인 고객들이 주 고객층이다. 덕분에 다양한 종류의 맥주, 그리고 보드카와 함께 피자를 안주 삼아 즐길 수 있는 기분 좋은 맥주펍이다. 음료는 빨리 나오는 편이나 음식을 조리하는 데 꽤 시간이 걸리는 편이니 일정을 여유롭게 두고 방문하는 것이 좋다.

📍 3 Phạm Ngọc Thạch, Vĩnh Hải, Nha Trang   📞 +84338724374   👍 생선 구이, 붉은돔 구이, 해산물 볶음밥, 치즈 굴 구이   💰 99,000-179,000VND (5,300-9,700KRW)
📷 @shantaram_nha_trang   🕒 15:00-23:00 (매주 화요일 휴무)

더 로컬 캠프 The Local Camp

냐짱 시내 한복판에서 이색적인 캠핑 감성을 즐겨 보자. 인스타그래머블한 캠핑장을 그대로 옮겨 놓은 듯한 분위기 속에서 맛있는 스테이크와 다양한 종류의 캠핑요리를 즐길 수 있는 더 로컬 캠프. 냐짱에서 보기 힘든 '분위기+맛+위생+이색적인 감성'까지 모두 갖추고 있다. 특히 스테이크 고기가 부드럽고 와인의 품질이 높음에도 가격이 착해 깜짝 놀랐다. 김청, 김빈 환전소와도 가까워 접근성이 좋으며 2025년 2월에 갓 오픈한 따끈따끈한 신상 핫플레이스. 저녁에는 예쁜 조명 아래에서 직접 고기를 구워 먹을 수도 있으며 색다른 캠핑감성과 함께 냐짱의 맛있는 해산물과 질 좋은 고기를 함께 즐길 수 있는, 나만 알고 싶은 곳을 살며시 꺼내 본다.

📍 61 Võ Trứ, Tân Lập, Nha Trang   📞 +84856630451   👍 바비큐 폭립, 랍스터 세트, 연어 구이, 참치 타다키   💰 89,000-160,000VND (4,800-8,600KRW)   📷 @the.localcamp   🕒 7:00-24:00

팜스 비스트로 Palms Bistro

저녁 8시, 매일 방문해도 늘 색다른 라이브가 반겨주는 라이브카페. 요일마다 공연 팀이 바뀌며 팁을 주면 원하는 곡을 연주해주기도 한다. 넓은 매장과 경치 좋은 외부는 물론 조용한 내부에서 식사도 즐길 수 있다. 간단한 안주와 시원한 맥주가 일품인 곳. 해산물 플래터나 미트 플래터 등은 식사대용으로 좋다. 한국인이 많지 않아 동남아 특유의 릴랙스하면서도 들뜬 분위기를 즐길 수 있다.

📍 50 Lê Thánh Tôn, Lộc Thọ, Nha Trang 📞 +84905757575 👉 스테이크, 볼로네제 파스타, 소금 커피, 파인애플 주스 💰 35,000-250,000VND (1,900-13,500KRW)
📷 palmsbistronhatrang 📘 fb.me/PalmsBistroNhaTrang ⏰ 6:30-23:30

젤리 브루 펍 Jelly Brew Pub

냐짱의 밤을 즐기기에 딱 좋은 펍. 각국의 여행자들이 모여 수제 맥주를 맛보고 대화를 나누며 가볍게 한잔하기 좋은 곳이다. 1층 노상 테이블에서 거리 분위기를 즐겨도 좋고, 2층에서 아늑한 시간을 보내도 좋다. 특히 시그니처 맥주는 우리나라의 소맥을 연상케 하는 독특한 맛으로 인기다. 다양한 수제 맥주를 맛보고 싶은 이들을 위한 샘플러도 주문할 수 있으며, 모험을 좋아한다면 망고맥주도 나쁘지 않다. 해변도시 냐짱의 감성을 잔뜩 느끼며 맥주를 천천히 음미하기 좋은 곳. 안주의 양이 적고 늦게 나오는 편이라 맥주와 함께 천천히 기다릴 수 있는 여유가 필요하다.

📍 46.4 Hùng Vương, Lộc Thọ, Nha Trang 📞 +84905264788 👉 감자튀김, 오징어튀김, 샘플러 세트 💰 45,000-145,000VND (2,400-8,300KRW) 📘 fb.me/jellybrewpubnhatrang/
⏰ 15:00-24:00

세일링 클럽 Sailing Club

낮에는 레스토랑 겸 카페, 밤에는 클럽으로 변신하는 냐짱에서 가장 유명한 비치클럽. 해변에 의자와 테이블이 넓게 펼쳐져 있으며 특히 DJ의 음악에 맞춰 스테이지에서 춤을 추는 밤 10-11시가 가장 뜨거운 시간대다. 때에 따라 해변에서 새해맞이, 카운트다운, 불쇼 등 각종 행사를 펼치기도 하며 행사정보는 홈페이지나 페이스북에서 확인 가능하다. 이름은 클럽이지만 신나고 경쾌한 음악을 가볍게 즐길 수 있는 펍 정도의 느낌으로 누구나 즐길 수 있는 건전한 분위기다.

- 72 74 Trần Phú, Lộc Thọ, Nha Trang +84858306679 피자, 보룩락(Bò Lúc Lắc), 칵테일 120,000-600,000VND (6,500-34,000KRW) sailingclubdivers.com
- @sailingclubnhatrang 7:00-2:00AM

루이지애나 브루하우스 Lousiane Brewhouse

냐짱을 더욱 더 낭만적인 분위기와 이국적인 느낌으로 만드는 장소는 바로 해변가의 화려한 색감의 펍들. 그중 수영장과 선베드까지 마련된 루이지애나는 외국영화에나 등장할 법한 고급호텔의 라운지바를 연상시킨다. 수제 맥주 브루어리를 갖추고 있어 운이 좋으면 테이스팅트레이에 담긴 4종류의 갓 만든 신선한 맥주를 시음해 볼 수 있다. 객관적으로 맥주 맛은 일품이지만 음식맛은 아쉽다는 평이 많기 때문에 식사 후 간단한 맥주를 즐기기에 좋다.

- Lô 29 Trần Phú, Lộc Thọ, Nha Trang +842583521948 햄버거, 리조또, 수제 맥주
- 65,000VND부터 (3,500KRW)~ louisianebrewhouse.com.vn
- fb.me/lousianebrewhousenhatrang 7:00-1:00AM

스카이라이트 나트랑 Skylight Nha Trang

방문객의 99.9%가 야경을 즐길 목적으로 오는 스카이라이트. 해변과 연결된 지하 터널을 보유한 호텔 '프리미어 하바나'의 45층에 위치한 루프탑이다 (103p 참고). 밤 9시 이후로는 현란한 디제잉을 관람할 수 있으며, 새해의 카운트다운이나 불꽃놀이 명소로도 유명하다. 연인과 로맨틱한 분위기를 즐기고 싶다면 꼭 예약해야 하는 장소 중 하나다.

📍 Premier Havana, 38 Trần Phú, Lộc Thọ, Nha Trang 📞 +842583523222 👍 과일 안주, 칵테일 💰 165,000-3,255,000VND (9,300-185,000KRW) 🌐 skylightnhatrang.com
📷 @skylightnhatrang 🕐 17:30-1:00AM

더 클라우드 바 The Cloud Bar

현지인이나 한국인보다는 서양인들이 자주 찾는 후카바. 해외 유명 여행정보앱인 트립어드바이저의 트래벌러 초이스(Travelers Choice)에도 선정된 적이 있을 정도로 높게 평가되는 곳이다. 비건메뉴, 햄버거, 파스타 등 주로 서양인을 위한 메뉴가 대부분이며, 특히 삿포로 생맥주와 햄버거가 일품인 곳이다.

📍 163 Nguyễn Thiện Thuật, Lộc Thọ, Nha Trang 📞 +84825190251 👍 칵테일, 생맥주, 햄버거, 시샤 💰 49,000-349,000VND (2,600-20,000KRW) 📷 @thecloudbar_nt
🕐 12:00-2:00AM

킬드 케니 Killed Kenny Sports Bar

늘 러시아인들로 만석인 스포츠바. 우리나라에선 생소하지만, 스포츠바는 보통 술을 마시며 TV로 스포츠 경기를 시청할 수 있는 술집을 일컫는다. 축구를 사랑하는 이들이라면 열띤 경기 분위기와 함께 맥주나 러시아식 보드카를 즐기기 위해 꼭 방문해야 하는 곳. 일반적인 술집이라기보단 카드나 보드게임 등을 즐길 수 있는, 꼭 외국인 친구집에 놀러 온 듯한 분위기의 편안한 술집이다.

📍 1/39 Tran Quang Khai, Lộc Thọ, Nha Trang 📞 +84928532522 🍴 치즈스틱, 새우튀김, 햄버거, 감자튀김, 러시아식 위스키 💰 35,000-250,000VND (1,900-13,500KRW) *카드 결제 불가
f fb.me/killedkennybar 🕐 17:00-3:00AM

탄 더 케이브 Than-the Cave

킬드 케니 스포츠바 바로 옆에 위치하여 분위기, 음악, 맛 삼박자를 고루 갖춘 칵테일바다. 아직 우리나라 사람들의 블로그 리뷰를 찾아볼 수 없는 숨겨진 동굴 같은 곳. 영어가 가능한 친절하고 열정적인 직원들이 제조하는 칵테일 덕에 많은 손님들이 재방문의사를 밝히고 있다. 특히 미도리(멜론 리큐르의 한 종류)를 좋아하는 이들에겐 나무랄 데 없는 장소다.

📍 2nd Floor, 124 Nguyễn Thiện Thuật, Lộc Thọ, Nha Trang 📞 +84928532522 🍴 미도리, 웨지감자, 칵테일 💰 80,000-300,000VND (4,300-16,200KRW) 📷 @than.thecave
🕐 18:00-24:00

✈ 나트랑 숙소

빈펄 리조트 Vinpearl Resort

화려한 인도차이나 건축의 빈펄 리조트. 한국손님들에게 가장 인지도가 높으며, 2인용 객실부터 4베드룸까지 보유하고 있어 인원규정이 넉넉한 편이다. 전용 비치와 거대한 규모의 리조트 내부 편의시설은 외부에 나가지 않고도 거의 모든 것을 해결할 수 있도록 해준다. 오랜 시간 냐짱 리조트의 명성을 지킨 만큼 객실과 시설이 낡았다는 평이 많다.

- Hòn Tre, Vĩnh Nguyên, Nha Trang 📞 +842583598999
- 1,550,000-4,650,000VND (83,700-251,100KRW) 🌐 vinpearl.com

아나만다라 깜란 Ana Mandara Cam Ranh

오픈한 지 3년 정도밖에 되지 않아 깨끗한 신식 건물의 리조트. 공항에서 차로 15분 거리인 모로코 스타일의 중동 럭셔리 빌라 컨셉 리조트다. 객실, 메인풀장 모두 규모가 커서 쾌적하고 탁 트인 전경을 즐기기 좋다. 투숙객은 워터파크를 무료로 이용할 수 있는 혜택이 있으나, 시내와의 거리가 멀어 30-40분 정도 셔틀버스를 타야 한다.

- Slot D6A, Zone 2, Cam Lâm, Khánh Hòa 📞 +842583522222
- 3,105,000-8,323,000VND (168,000-449,000KRW) 🌐 anamandaracamranh.com

식스센스 닌반 베이 Six Senses Ninh Van Bay

천상의 낙원이라 불리는 이곳은 냐짱 시내에서 차로 40분, 이후 배로 20분을 더 들어가야 하는 프라이빗한 공간이다. 고된 일정이지만 뭔가 달라도 다른 푸른 바다빛과 유니크한 전망으로 감히 지상낙원이라는 별명을 붙여도 아깝지 않은 곳이다. 워터빌라는 마치 몰디브의 수상 방갈로처럼 물 위에 떠 있는 듯한 느낌을 주며, 이곳의 스파는 세계적으로 유명하다. 가격대는 상당하지만 그만큼 24시간 직원이 대기하며 높은 질의 서비스를 제공한다.

- Ninh Vân, Ninh Hoa, Khánh Hòa
- +842583524268
- 13,000,000-78,000,000VND (700,000-4,210,000KRW)
- sixsenses.com

인터컨티넨탈 나트랑 InterContinental Nha Trang

세계적인 호텔브랜드 인터컨티넨탈의 호텔을 저렴하게 즐길 수 있다. 오션뷰, 수영장, 객실 컨디션, 위치 등 전체적인 총평이 늘 상위권을 차지하는 냐짱의 인터컨티넨탈. 으리으리한 리셉션부터 한국어와 한식 메뉴가 있어 한국인들 사이에서 조식 1위 맛집이라 불린다. 냐짱 시내와 인접하고 통유리 오션뷰를 즐길 수 있는 고급스럽고 럭셔리한 분위기의 숙소다.

- 32-34 Trần Phú, Lộc Thọ, Nha Trang
- +842583737333
- 2,410,000-7,309,000VND (130,000-395,000KRW)
- ihg.com

쉐라톤 나트랑 Sheraton Nha Trang

인터컨티넨탈 나트랑과 함께 냐짱 해변의 양대 산맥 고급호텔이다. 280개의 객실과 디럭스룸의 사이즈가 약간 아담한 편이나, 객실컨디션이 굉장히 훌륭한 편. 특히 스위트룸의 투숙객은 클럽라운지에서 개별 체크인과 애프터눈 티 서비스, 이브닝 칵테일 등 초호화 서비스를 누릴 수 있다. 21m에 달하는 수영장은 자체 온도조절이 가능하여 변덕스러운 냐짱 날씨와 관계없이 수영이 가능하다.

📍 26-28 Trần Phú, Lộc Thọ, Nha Trang 📞 +842583880000
💰 2,775,000- 3,900,000VND (150,000-210,600KRW) 🌐 marriott.com

아다마스 부티크 Adamas Boutique

시내 중심부에서 도보 10분 정도, 해변에서 5분 정도 떨어진 위치로 소음과 혼잡함으로부터 멀어져 한적함을 즐길 수 있는 곳이다. 덕분에 5성급 호텔이어도 부담스럽지 않은 숙박료를 자랑한다. 상대적으로 한국인이 적은 편이며 인테리어가 화려하지 않지만 갖출 것은 모두 갖춘 사랑스러운 장소다. 소박하며 깨끗한 룸컨디션과 친절한 직원들로 인해 단정하고 편안함을 선호하는 이들이 숙박하기 좋다.

📍 20A Trần Quang Khải, Lộc Thọ, Nha Trang 📞 +842583833888
💰 833,000-1,833,000VND (45,000-100,000KRW) 🌐 adamashotel.vn
📷 @adamasboutiquehotel_nhatrang

버고 호텔 Virgo Hotel

냐짱 시내 중심부에 위치해 해변과 가까우면서도 주요상점과 식당이 몰려 있다. 사실 현재 버고 호텔 객실 안에서 원고를 작성하고 있다. 도서제작을 위해 냐짱에 오가며 재방문할 정도로 가격 대비 만족도가 높은 편이다. 깔끔하고 관리가 잘 되어 있는 룸컨디션과 넓은 침대, 바디필로우까지 제공되어 편안한 숙면을 즐길 수 있다. 아쉬운 점은 샤워실 벽이 반투명 유리라 프라이버시가 신경 쓰일 수 있다. 수영장은 루프탑은 아니지만 뷰가 좋고, 햇빛을 막아주는 천장이 있다.

📍 39-41 Nguyễn Thị Minh Khai, Tân Lập, Nha Trang 📞 +842583907777
💰 555,000-1,222,000VND (30,000-66,000KRW)

레스참 호텔 Le's Cham Hotel

가성비와 편리함을 모두 갖춰 까다로운 여행객들도 만족하는 곳이다. 시내 한복판에 위치해 있어 주변에 식당, 마사지, 쇼핑 등이 밀집해 있다. 호텔에서 한 걸음만 나가도 나트랑의 다양한 유명 카페와 맛집이 즐비해 있다. 객실은 깨끗하게 유지되고 있으며, 킹사이즈 침대 덕분에 편안하게 머물 수 있다. 특히 욕조, 세면대, 샤워실 모두 필터가 장착되어 있어 따로 준비할 필요 없이 깨끗한 물을 사용할 수 있다는 점이 인상적이다. 옥상의 루프탑 수영장은 아담한 편이지만, 이용객이 많지 않아 여유롭게 수영을 즐기기에 좋다. 깔끔하고 만족스러운 조식 등 가성비 최고 수준의 숙소라 가히 칭찬할 수 있다.

📍 87 Bạch Đằng, Tân Lập, Nha Trang 📞 +842586297979
💰 600,000-926,000VND (32,000-50,000KRW) 🌐 lescham.com

프리미어 하바나 Premier Havana

무려 45층 높이의 스카이 전망대를 보유하고 있으며, 부담 없는 가격대에 비해 높은 만족도로 냐짱의 가성비 숙소를 찾아보면 빠지지 않는 호텔이다. 직원들이 친절하기로 유명하며 1.4m 높이의 수영장, 45층 루프탑 바, 해변과 연결된 지하터널 등 독특한 편의시설로 인기를 끌고, 아침마다 파도소리와 오션뷰를 즐기며 잠에서 깨어날 수 있다. 시내 중심에 위치한 곳이다 보니 저층객실의 경우 밤중에 음악소리로 불편을 겪는다는 평이 있으므로, 예약 시 고층객실을 요청하도록 하자.

📍 38 Trần Phú, Lộc Thọ, Nha Trang 📞 +842583889999
💲 870,000-2,700,000VND (47,000-145,800KRW) 🌐 havanahotel.vn

디셈버 December

가성비, 위치, 편의성의 조화가 균형 잡힌 4성급 호텔이다. 부담스럽지 않은 숙박료와 만족스러운 룸컨디션, 멋스러운 전망 덕에 냐짱을 여러 번 방문하는 이들에겐 재방문율이 높은 숙소로도 유명하다. 시내 중심에서 도보 10분 거리에 위치해 있어, 소음문제를 피할 수 있다. 호텔 내에 카페, 수영장, 선베드, 헬스기구 등 기본적인 편의시설을 갖추었으며 주변에 맛집과 펍이 많다.

📍 289 Nguyễn Thiện Thuật, Lộc Thọ, Nha Trang 📞 +84948889900 💲 944,000-1,690,000VND (51,000-91,000KRW) 🌐 decemberhotel.vn 📷 @decemberhotel

퓨즈 나트랑 호스텔 FUSE Nha Trang Hostel

여행은 새로운 경험뿐만이 아니라 새로운 인연을 만들어 주기도 한다. 이곳은 저녁마다 바에서 맥주를 무료로 제공하고 게임, 노래방 등을 운영해 호주, 영국을 비롯한 다양한 국적의 여행자들과 자연스럽게 어울릴 수 있도록 한다. 칵테일 파티나 매주 열리는 보트 파티 등에 참여하여 새로운 친구를 사귀고 싶다면 이보다 더 좋은 곳이 없다. 새로운 여행 친구들과 도미토리룸에서 숙박하며 그들의 여행기를 듣는 재미 또한 쏠쏠하다. 여성 전용 도미토리룸도 있으며, 16층으로 이루어진 높은 건물에는 헬스장, 수영장, 바까지 갖춰져 있어 낮에는 시원한 물놀이를 즐기고, 밤에는 새로 사귄 친구들과 맥주를 즐기며 베트남의 활기찬 분위기에 더욱 활기를 돋울 수 있다.

- 18 Biệt Thự, Lộc Thọ, Nha Trang +84905442139
- 185,000-222,000VND (10,000-12,000KRW) fusehostelsandtravel.com

애니 홈스테이 하우스 Annie Homestay House

리조트나 호텔을 떠나 여행자들을 반겨주는 현지인의 집에서 먹고 자며 소통하는 일은 무엇과도 바꿀 수 없는 진귀한 경험이다. 차가운 빌딩의 아파트먼트나 호텔보다는 가끔 현지인 가정집에서 묵는 경험을 꼭 한 번은 나 자신에게 선물해 보자. 게다가 아늑하고 아기자기한 예쁜 인테리어까지 갖추어 저절로 푹 빠지게 만드는 사랑스러운 숙소는 마치 손재주 좋은 친구집에 놀러 온 듯한 기분이 들어 베트남 여행을 뻔하지 않게 만들어 준다.

- 12 Núi Một, Phước Tiến, Nha Trang +84915775515 annie.homestay.nt@gmail.com
- 944,000-3,304,000VND (51,000-178,000KRW) fb.me/Annie.homestay.nhatrang
- http://airbnb.com/users/69032944/listings

옐로우 홈스테이 나트랑 Yellow Homestay Nha Trang

노란색 예쁜 대문이 반겨주는 옐로우 홈스테이는 내부의 플랜테리어가 눈을 즐겁게 한다. 무료 와이파이와 청결한 객실로 아이들과 함께 묵어도 충분한 곳이다. 코지한 감성과 깨끗한 환경에 비해 저렴한 숙소 금액과 신투어리스트 사무실에서 도보 3분 정도의 좋은 위치로, 많은 배낭여행자들의 핫스팟이자 로컬을 경험할 수 있는 곳.

- 186-2 Hùng Vương, Lộc Thọ, Nha Trang
- +84919207703 (호스트 잘로 연락처 0903668551)
- 186hungvuong@gmail.com
- 185,000-370,000VND(10,000-20,000KRW)
- @yellow.house.nhatrang
- https://www.airbnb.com/users/186926310/listings

Chapter 6
머물수록 더 깊어지는 나트랑

나트랑 근교 여행

콩 포레스트 Kong Forest Nha Trang

냐짱 시내에서 차로 1시간 10분 정도 거리에 떨어진 냐짱 최초의 정글 액티비티 공원. 베트남 최대규모의 천연림 한가운데 자리한 콩 포레스트는 2022년에 오픈한 신상명소로 아직 사람들에게 잘 알려져 있지 않다. 출렁다리를 포함한 짚라인부터 익스트림한 ATV바이크로 거친 산길을 누비며 산세를 제대로 즐길 수 있다. 전용 미니버스로 픽업서비스와 무료식사까지 제공되며, 열정적인 직원들이 사진과 동영상을 여러 구도로 촬영해주기 때문에 좋은 추억을 남길 수 있는 투어다. 가끔 편도차량만 제공하는 투어가 있으니 꼭 왕복차량인지 확인하도록 하자.

- Km19 Hòn Bà Mountain, Suối Cát, Cam Lâm, Khánh Hòa
- +84975807958
- 890,000VND (48,000KRW)
- kongforest.com
- @kongforest.vn
- 8:00-17:00

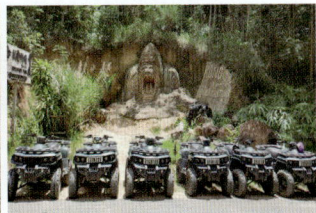

바호 폭포 Suối Ba Hồ - Ninh Hòa

서양인들에겐 다이빙 명소로도 유명한 바호 폭포. 베트남어로 바(ba)는 숫자 '3'이고, 호(hồ)는 '호수, 폭포'라는 의미로 한 곳에서 세 개의 폭포를 감상할 수 있는 트래킹코스다. 평소 등산을 하지 않는 이는 'Course 1'까지만 목표를 두어도 충분히 트래킹과 다이빙, 수영을 즐길 수 있다. 폭포 근처에서 물속에 살아있는 야생 닥터피쉬가 몸 곳곳에 들러붙는 자연을 직접 느낄 수 있는 곳이다.

- Thôn Vạn Thuận, Ninh Hoa, Khánh Hòa (냐짱시내에서 차로 30분)
- +842583705662
- 100,000VND (5,400KRW)
- fb.me/bahokhanhhoa
- 8:00-16:30

판랑 사막 Đồi cát Nam Cương (Nam Cương Sand Dunes)

푸른 바다와 녹즙빛 숲의 습기 가득한 냐짱을 제대로 즐겼는가? 그렇다면 이번엔 거기서 조금 벗어나 건조한 모래밭 속 황홀한 풍경을 감상하러 가 보자. 황금빛 모래더미가 끝없이 펼쳐지는 대자연의 경이로움은 반드시 사막에만 있는 것은 아니다. 차로 2시간 정도 달리면 아직 잘 알려지지 않은 관광지인 판랑 모래언덕이 있다. 해안가에서부터 바람에 날려온 모래가 수천수만 년 동안 차곡차곡 쌓여 거대한 모래언덕을 만든 것이다. 이국적인 풍경과 눈에 걸리는 건물 하나 없는 황량함은 늘 새롭다.

📍 ấp Tuấn Tú, xã An Hải, huyện Ninh Phước, Ninh Thuận   💳 입장료 무료   🕐 24시간 개방

판랑 사막 투어는 당일치기 원데이투어로 가볍게 다녀오기 좋다. 기본적으로 양떼 목장, 모래사구, 포롱자라이 사원을 방문하는 투어상품이 많다. 투어에 따라 포도농장, 유명 레스토랑, 마사지 등을 추가적으로 방문하기도 한다. 투어상품을 선택할 땐 스냅사진 촬영 여부, 식사장소와 메뉴 등을 고려하고, 모래언덕에서 지프차, 모래썰매 등을 즐길 수 있도록 여유 있는 시간을 충분히 제공하는지 확인하는 것이 좋다.

추천업체 베나자 (@venaja_nhatrang / 02-2297-3137),
산티아고투어 (@nhatrang_santiago / 070-4523-6571),
베트남 피크타임 (@peaktime_official / 0507-1361-3268)
준비물 선글라스, 마스크, 얇은 긴팔과 긴바지, 물티슈
평균 비용 555,000-926,000VND (30,000-50,000KRW)
소요시간 8-10시간

수이띠엔 양떼목장 Đồng Cừu Suối Tiên

시내에서 차로 40분 정도 떨어진 양떼목장은 판랑 사막으로 가는 투어상품에 포함되어 여행 도중 잠깐 들리는 식으로 방문하는 경우가 많지만, 동물 애호가라면 개인차량이나 오토바이로 여유 있게 방문해도 충분히 즐길 거리가 많은 곳이다. 입구부터 펼쳐진 연꽃과 연잎이 만들어 내는 아름다운 경관과 예쁜 카페가 있고, 카운터에서 양들에게 먹일 풀을 판매하기도 한다. 오전에 방문하면 날씨도 덥지 않고 사람도 적어 더 많은 양들과 교감할 수 있다.

📍 Mỹ Thanh, xã Cam Thịnh Đông, Cam Ranh, Khánh Hoà   📞 +84902318181   💰 40,000 VND (2,200KRW)   📘 fb.me/dongcuusuoitien   🕐 7:30-17:30 (휴게시간10:30-14:30)

✈ 나트랑 기념품 & 네일 및 스파

담시장 Chợ Đầm (Dam market) or 야시장 Chợ Đêm (Night Market)

시내 중심가에 위치해 있어 접근성이 좋은 담시장과 냐짱 야시장. 야시장보다는 담시장이 가격대가 저렴하고 흥정이 쉽다. 담시장의 쇼핑Tip은 같은 상품일지라도 입구에 위치한 가게보다 안쪽에 위치한 가게가 더 저렴한 편이라는 것. 아래 리스트를 참고하여 적당한 가격과 시세를 미리 숙지한 후 상인들과 흥정을 하는 재미도 있으니 몇 마디 베트남어를 섞어 가격을 낮춰 보자. (p24 참고)

나트랑 시장 추천 쇼핑리스트	
짝퉁 브랜드 티셔츠	휴양용 원피스
코끼리 바지	망고 젤리
여성 원피스	커피
여행 캐리어	느억맘
크록스	라임 후추
진주 액세서리	새우 소금
운동화	코코넛 껍질 밥그릇
말린 과일	선글라스
라탄백	농라
백팩	핸드메이드 귀걸이
힙색	핸드메이드 팔찌
견과류	그림 엽서
마그넷&오프너	대나무 수저세트

* 카드 결제 불가

📍 Đường Phan Bội Châu, Xương Huân, Nha Trang 🕒 5:00-18:30

롯데마트 Siêu thị Lotte (Lotte Mart)

냐짱엔 두 개의 롯데마트 지점이 있다. 골드코스트점은 시내 쇼핑몰 내부에 자리하고 있어 접근성이 좋으며, 롱선사 근처에 위치한 냐짱점은 단독 건물로 되어 있어 규모가 크고 상품이 다양하다. 날씨의 영향을 많이 받는 야외의 시장들과 달리 쾌적한 실내에서 쇼핑이 가능하다는 장점이 있다. 또한 현금만 받는 야시장이나 재래시장과 달리 카드결제가 가능하여 여행경비의 부담이 적고, 정찰제로 흥정의 부담이 없어 여유로운 쇼핑이 가능하다.

롯데마트 추천 쇼핑리스트	
탑 젤리 (Top Fruit Coowy)	아하 치즈 과자 (Bánh Richeese Ahh)
체리쉬 젤리 (Cherish)	칼 치즈 과자(Bánh Cal Cheese)
연유 과자 (bánh gấu sữa)	게리 치즈 과자 (Bánh Quy Phô mai Gery)
망고 푸딩(Pudding Xoài)	하오하오 라면 (Hảo Hảo mì xào)
말린 과일 (Trái Cây Sấy)	하오하오 라면 해산물맛 (Hảo Hảo mì xào hải sản)
켄주 크림 크래커 (Bánh KENJU Kem Déo)	캐슈넛 (Hạt Điều)
오마치 똠양꿍 컵라면 (Omachi Tom)	라이스페이퍼 (Bánh tráng)
친수 칠리소스 (Tương ớt Chinsu)	타이거 맥주 (bia Tiger)
마기 간장 (Nước tương MAGGI)	사이공 맥주 (bia Sài Gòn)
비엣허니 꿀 (Mật ong VietHoney)	아치 카페 카푸치노 (Cà Phê Arch Cappuccino)
새우 소금 (Muối Tôm)	G7 커피 (Cà phê G7)
달리 치약 (kem đánh răng Darile)	여명 펄 밀크티 (trà sữa Dawning)
센소다인 치약 (kem đánh răng Sensodyne)	넵머이 술 (Rượu Nếp Mới)

(골드코스트점) 01 Trần Hưng Đạo, Lộc Thọ, Nha Trang / (냐짱점) 58 Đ.23 Tháng 10, Phương sơn, Nha Trang   lottemart.com.vn   +84901057057   (골드코스트점) 8:30-22:00 / (냐짱점) 7:30-22:00

엘스토어 L.store

프리미엄 유기농 브랜드 제품을 판매하는 곳으로, 한국의 TV프로그램에도 등장해 국내에서도 유명세를 얻고 있다. 다낭에도 지점이 있으며 가장 유명한 위즐 커피부터 각종 고급 커피원두, 꽃차, 말린 과일과 칩, 노니비누와 천연오일 등을 판매하고 있다. 특히 오일은 피부가 예민한 편임에도 크게 트러블 없이 매번 잘 사용하고 있다. 시장이나 일반마트와 달리 먹거리 제품들은 직접 시식해 볼 수 있으며, 깔끔한 포장과 인테리어로 쾌적하게 쇼핑할 수 있다.

📍 37 Tô Hiến Thành, Tân Lập, Nha Trang 📞 +84975910565 🕐 8:00-20:30

남프엉 Tiệm Bánh Nam Phương

엘스토어에서 도보 2분 거리의 베이커리샵. 입구부터 고급스러운 인테리어가 눈길을 확 사로잡는다. 대만에서만 유명한 줄로 알았던 펑리수가 베트남 version으로 금액은 더 저렴하지만 고급화하여 판매되고 있어 선물용으로 인기 있다. 매장에 방문하면 다양한 맛의 펑리수를 직접 시식해 볼 수 있으며, 방부제가 없어 유통기한이 매우 짧다. 구입할 땐 개별포장된 과자의 뒷면 유통기한을 꼭 확인하는 것이 좋다. 펑리수뿐만 아니라 코코넛칩, 코코넛쿠키 등을 사기 위해 일부러 찾아오는 이들도 많다.

📍 26 Tô Hiến Thành, Tân Lập, Nha Trang 📞 +842586280912 🕐 9:00-22:00

부부샵&마담홍 Bubu Shop & Madame Hong

한국인 사장님이 엄선한 제품은 물론이고 예쁜 포장과 ISO와 HACCP인증을 받은 먹거리로 신뢰도 높은 기념품샵이다. 마카다미아, 캐슈넛, 말린 과일 등의 먹거리들은 모두 무설탕, 무방부제, 무색소를 원칙으로 한다. 100% 면소재의 의류와 수제 라탄백은 시장보다 튼튼하고 세련되었다. 현지에서 재배한 원료만을 사용하는 각종 티제품은 고급스러운 선물용 패키지가 눈길을 이끌며, 라임차와 디톡스차를 추천한다. 해당 상품들은 네이버 스마트스토어에서도 주문이 가능하다.

📍 134 Võ Trứ, Tân Lập, Nha Trang 📞 +84705450001
🌐 smartstore.naver.com/bubuvietnam 🕘 9:00-20:00

미우미우 스파 Miu Miu Spa & Beauty

한국어가 유창한 로컬 사장님이 운영하는 이곳은 카카오톡을 통해 한국어로 예약할 수 있어 매우 편리하다. 다른 한국인 사장님이 운영하는 마사지샵과 달리 가격이 저렴하면서도 마사지사들의 실력이 탁월하다고 소문이 자자하다. 마사지 강도도 사전에 체크하여 최선을 다하는 마사지사들의 모습이 인상적이다. 무료로 제공되는 망고와 티의 맛이 일품이며, 짐을 보관해주는 서비스도 제공하여 편리하다. 시설이 크지 않아 가끔 웨이팅이나 예약이 빡빡하게 차 있을 때가 있어 미리 연락해야 하는 불편함이 있지만, 그만큼 많은 여행객들의 사랑을 받는 곳이라는 증거.

📍 48b Bạch Đằng, Phước Tiến, Nha Trang 📞 +84938643458 🌐 spamiumiu.com
💬 huengokim1709 🕘 9:30-22:00

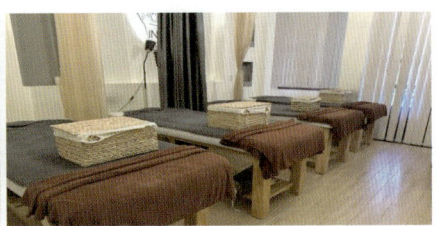

오드리 네일 Audrey Nail Cam Ranh

네일계의 에르메스라 불리며 정품을 고집하는 이곳은, 깜란 공항과 가까워 현지에 도착하자마자 두근거리는 여행을 시작하는 우리의 설렘을 돋우기에 더할 나위 없다. 뷰티케어뿐만 아니라 마사지도 책임지고 있어 가족, 친구, 연인과 함께 방문하기에도 좋고 혼자 편안하게 즐기기에도 좋다. 무엇보다 고급스러운 인테리어와 최신 트렌드를 반영한 디자인 덕에, 자칫 촌스럽다고 생각할 수 있는 베트남 네일디자인의 고정관념을 한 방에 깨부수어 주는 곳.

- Axi Plaza 1층 - Bán Đảo, axi plaza, Cam Hải Đông, Cam Lâm, Khánh Hòa
- +84393455769 @audrey.axi audrey.axi 10:00-22:00

수 스파 Sú Spa

냐짱 해변 근처에 있어 접근성이 좋고 고급스러운 분위기를 사랑하는 스파. 베트남에서의 첫 마사지를 경험해보는 이에게 추천하고 싶은 곳으로 전반적인 경험이 만족스럽다. 요청사항을 사전에 꼼꼼히 확인하여 맞춤형 마사지가 진행되고, 아름다운 인테리어의 로비는 들어가자마자 기분이 좋아진다. 밝은 방의 분위기로 쾌적하고 부담없이 마사지를 즐길 수 있으며, 다른 로컬스파에 비해 가격이 높지만 그만큼 웬만한 5성급 리조트의 스파 못지 않은 럭셔리한 서비스가 제공된다는 장점이 확실한 마사지샵. 부모님이나 손님을 모시고 가기에도 적당하다.

- 229 Nguyễn Thiện Thuật, Lộc Thọ, Nha Trang +842583523242 suspa.com.vn
- suspanhatrang 9:00-22:30

화이트 스파 앤 네일 White Spa & Nail

냐짱 시내 중심가에 위치해 늘 유명세로 손님이 끊이지 않는 곳. 야시장에서 도보로 5분도 채 걸리지 않아 접근성이 좋다. 각 항공사 승무원들의 멤버십카드가 따로 있을 정도로 뷰티서비스에 진심인 이곳은 늘 손님들로 문전성시를 이루기 때문에 예약이 필수다. 샤워나 공항 픽업 샌딩서비스도 제공하여 여행객들에게 사랑받는 곳이다.

- 75 Lê Đại Hành, Tân Lập, Nha Trang +84866075410 @white_spa_nail
- 나트랑화이트네일 10:00-22:00

온시 스파 Onsi Spa Nha Trang

눈에 잘 띄는 주황색 간판이 인상적인 곳. 예약, 메뉴판, 설문지 모두 한국어로 되어 있어 여행객에게 편리하며 마사지로만 90분을 모두 채우는 정성을 보이는 곳이다. 가격이 합리적이고 한국어를 잘하는 직원들이 많아 소통이 편리하다. 네일아트와 젤네일 모두 세심하게 진행되지만 각질제거에선 아쉬운 부분이 보인다. 지압이 강한 편이라는 평이 많아 능숙하고 시원한 마사지를 원하는 이들이라면 한 번쯤 이곳을 방문하는 것도 좋다.

- 08 Nguyễn Thiện Thuật, Lộc Thọ, Nha Trang +84984446642 onsispa.com
- Onsi Spa 10:00-22:00

✈ 더 쉬운 여행을 만드는 나트랑 핵심 정보

깜란 국제 공항 Sân Bay Quốc Tế Cam Ranh (Cam Ranh International Airport)

'깜란' 또는 '캄란', '캄라인', '깜라잉' 등으로 불리는 이 공항은 베트남에서 유일하게 외국인보다 내국인 이용객이 많은 공항이다. 택시업체들의 담합으로 인해 공항에서 그랩(Grab) 이용을 막고 있다고는 하지만, 실제로는 모두 평소처럼 이용하고 있으니 걱정 없이 이용해도 좋다. 시내보다 환율이 좋지 않은 편이니 시내까지 이동할 택시 요금 정도만 환전한 후, 나머지는 시내의 환전소나 금은방을 이용하는 것이 좋다.

📍 Nguyễn Tất Thành, Cam Nghĩa, Cam Ranh   📞 +842583989956   🌐 vietnamairport.vn/camranhairport

깜란 공항 입국장에서 나오자마자 바로 보이는 버스가 한 대 있다. 바로 옆 티켓 부스에서 목적지를 물은 후, 티켓을 발권해 준다. 비용은 인당 65,000VND(3,500KRW) 이며 따로 시간이 정해지기보다는 인원수가 어느 정도 채워지면 출발하는 형식이니 시간적 여유를 두고 탑승해야 한다. 버스로는 시내까지 약 40~50분 정도 소요되지만, 보통 2만원 정도의 요금이 부과되는 택시나 공항 픽업 차량보다 저렴하다는 장점이 있다.

싸잉 택시 Xanh SM Taxi

'싸잉' 또는 '싼'이라고 부를 수 있는 싸잉(Xanh SM)은 전기차를 활용한 택시서비스를 제공하는 냐짱의 대표적인 기업이다. 이 기업은 'GSM' (Green and Smart Mobility)이라고도 불리며, 사명에 걸맞게 환경과 어우러진 친환경서비스에 주목하고 있고, 냐짱 시내를 누비는 청록색 자동차에 'Xanh'이라는 글자가 새겨져 있다. 택시뿐만 아니라 전기오토바이 렌트, 물류배송 등 다양한 서비스를 제공하며 애플리케이션을 통해 이용할 수 있다. 첫 고객을 위한 쿠폰 등을 활용하여 깜란 국제 공항과 시내 등 장거리를 오갈 때 사용하면 그랩보다 비용이 저렴하다.

나트랑 환전소

베트남에선 환전소가 아닌 금은방에서 주로 환전을 한다. 간혹 휴무로 인해 금은방이 문을 닫는 경우나, 새벽 이른 시간에 피치 못해 환전을 해야 하는 경우엔 묵고 있는 호텔이나 한식당, 대형마트 등에서도 환전이 가능하다. 이때, 필요한 만큼 소액만을 환전하고 다음 날 금은방에 들러 큰 액수의 금액을 환전하는 것이 여행경비를 최대한 절약할 수 있는 방법이다. 아래는 나트랑에서 환전을 할 수 있는 대표적인 장소들이다.

김빈 금은방 (Kim Vinh)
주소 88 Ngô Gia Tự, Phước Tiến, Nha Trang
시간 8:00-21:30

김청 금은방 (Kim Chung)
주소 51 Ngô Gia Tự, Phước Tiến, Nha Trang
시간 7:30-20:00

나트랑 센터 안내데스크 (Nha Trang center)
주소 20 Trần Phú, Vĩnh Hòa
시간 9:00-22:00

롯데마트 골드코스트 (Lotte Mart Nha Trang Gold Coast)
주소 01 Đ. Trần Hưng Đạo, Lộc Thọ, Nha Trang
시간 8:30-22:00

나트랑에서의 ATM 출금

ATM기기에서 베트남 동을 출금할 땐, 사용하는 카드사에 따라 수수료가 무료인 곳과 아닌 곳이 있다. 보통 수수료는 은행에 따라 30,000-60,0000VND(1,600-3,200KRW)이며, 공항이나 자신이 묵는 숙소 근처의 ATM기기 위치를 미리 검색해두자.

카드사	수수료 무료 베트남은행
마스터(Master)	VP, TP, SCB, OCB, EXIM, HD BANK등
유니온페이(UnionPay)	BIDV, AGRIBANK, EXIM, VIETIN BANK등
비자 (Visa)	VP, TP, SCB, OCV, AB, HD, EXIM BANK등

ATM TPBank Nha Trang
주소 79 Yersin, Phương Sài (나트랑 기차역에서 도보 4분)

VP BANK NHA TRANG
주소 Số 26 Yersin, Vạn Thắng (나트랑 대성당에서 도보 8분)

ATM BIDV&VIETCOMBANK
주소 65RW+M3W, Nha Trang (나트랑 향타워에서 도보 4분)

AGRIBANK ATM
주소 14 Hùng Vương, Lộc Thọ, Nha Trang (나트랑 야시장에서 도보 4분)

Chapter 7

나트랑에서 달랏까지, 달랏에서 나트랑까지

햇살 가득한 해변 도시인 냐짱과 울창한 녹음에 둘러싸인 달랏은 대조되는 풍경을 자랑한다. 때문에 두 도시 사이를 여행하는 것 그 자체만으로도, 베트남을 동남아의 한 작은 국가 정도로 여기던 우리에게 풍부한 경험을 선물함으로써 우리의 시야를 더욱 넓혀준다. 기본적으로 두 도시간의 거리는 차로 3-4시간 정도 떨어져 있다. 구불구불한 산중로를 누비며 휙휙 스쳐가는 경치를 감상해 보자.

✈ 나트랑과 달랏을 오가는 교통편

시외버스

버스는 두 도시를 이동하는 데에 가장 보편적이고 저렴한 방법이다. 일반버스는 냐짱 시내에서 10분 정도 떨어진 남부터미널에서 탑승한다. 가장 많은 여행객이 이용하는 여행사는 풍짱(Futa)이며 20년 역사를 자랑하는 신뢰도 높은 여행사다. 일반적으로 앉아서 이동하는 버스뿐만 아니라 누워서 이동하는 슬리핑버스도 제공하고 있다. 예약은 직접 방문하거나 Futa앱, 또는 각종 여행사 예매사이트를 통해 할 수 있으며, 사전에 좌석을 구매해두는 것이 좋다.

나트랑 남부 터미널 Bến xe Phía Nam Nha Trang(Central Bus Station Nha Trang)
주소 Vĩnh Trung, Nha Trang, Khánh Hòa, Vietnam
편도 금액 170,000VND (9,200KRW)

슬리핑 버스의 후기를 찬찬히 읽어보면 사람에 따라 극호와 불호의 리뷰가 동시에 달리는 흥미로운 점을 발견할 수 있다. '담요에서 퀴퀴한 냄새가 난다', '에어컨이 강하다', '비위생적이다', '좌석이 좁다' 등의 후기가 많으니 자신이 개인적으로 사용할 담요와 깔개를 이용하도록 하자. 좁은 좌석이 걱정이라면 되도록 2층 좌석보단 1층 좌석을 이용하는 것이 좋다.

이에 반해 긍정적인 평가도 여러 이동서비스 중 가장 많은 편이다. 우리나라에 없는 누워서 이동하는 버스의 낭만과 더불어 물, 물티슈 등을 무료로 제공해주고, 각자 도착지를 놓칠까 잠든 고객을 한 명 한 명 깨워주며 친절한 서비스를 제공하는 등 장점도 많다.

렌터카

베트남 여행 중 버스보다 개인차량을 선택하는 일은 흔하다. 편리함과 더불어 출도착지에 대한 유연성 덕에 시간적, 심리적 부담을 덜 수 있다. 다른 이들과 함께 여행하는 것이 아닌, 일행과의 프라이빗한 시간을 보장받을 수 있으며 간혹 고속도로를 쌩쌩 달리다 마음에 드는 장소에서 잠시 멈춰 맑은 시골공기를 잔뜩 마실 수도 있다. 렌터카는 주로 4-11인승까지 다양하며 현지호텔이나 여행사를 통해 예약이 가능하다.

편도 금액 900,000-1,400,000VND (48,600-75,000KRW)
추천업체 베나자 (gdaytour.kr), 트래블포레스트 (travelforest.co.kr), 클룩 (klook.com), 와그 (waug.com)

오토바이

모험적인 여행을 즐긴다면 오토바이를 직접 렌트해 고속도로를 달려 보자. 오토바이를 타고 이동하면 단순한 목적지를 향한 이동이 아닌 진정한 여행을 즐길 수 있다. 고속도로의 평균 속도가 그다지 빠르지 않고 워낙 오토바이 사용인구가 많다 보니 고속도로 위의 대형트럭과 오토바이가 함께 달려가는 모습은 현지에선 그리 생경한 모습은 아니다. 여행객인 우리는 오토바이를 운전할 때 반드시 국제운전면허증이 필요하며, 생각보다 고속도로의 포장상태가 좋지 않고 특히 달랏 인근 지역은 산악지형이라 구불구불한 길이 많으니 꼭 헬멧과 안전장비를 갖춘 채 이동해야 한다.

part 03

두 번째 여행지,
달랏

Chapter 8
달랏은 어떤 도시일까

'영원한 봄', '꽃의 도시', '사랑의 도시', '리틀 프랑스' 등 달랏은 베트남에서 가장 많은 별명을 가지고 있다. 별명 개수만큼 아직 우리에게 알려지지 않은 숨은 매력이 많다. 보통 우리가 생각하는 무더운 동남아가 아닌, 산 위에 위치해 항상 날씨가 좋은 달랏은 오늘날 베트남 현지인들이 신혼여행으로 많이 찾는 로맨틱한 도시다.

과거 식민시절 더운 베트남의 날씨를 피해 프랑스인들이 휴양지로 개발한 아픈 역사를 가진 사연 있는 도시이기도 하다. 허나 역사적 아픔마저 고풍스러운 유럽풍 건축물과 예쁜 정원들로 꾸며 예술적으로 승화시킨 달랏은 마치 기품 있는 공주님의 정원을 훔쳐보는 기분이다.

매년 뻔하디뻔한 해변휴양지나 매캐한 매연내 가득한 대도시에 지친 여행객들이라면 고요한 안개 속에 조용히 꽃을 피운 달랏에서 평화로운 기분을 느끼며 진정한 힐링을 찾길 바란다.

✈ 우리가 달랏으로 향하는 이유

안전한 치안과 깨끗한 환경

처음으로 혼자 해외여행을 가거나, 연인 혹은 친구와 단둘이서 여행을 떠나는 이들처럼 소규모 인원으로 떠난다면 가장 추천하고 싶은 목적지다. 달랏은 베트남 내에서도 치안이 좋고 깨끗한 환경으로 유명하여 베트남의 무시무시한 거대해충들이 거의 없다시피 하다. 또한 놀이공원이나 워터파크처럼 여러 명이 즐기는 명소보다 혼자서 즐기기 충분한 명소가 대부분이다.

해발 1,500m, 하늘과 맞닿은 쾌적한 기후

여러분이 가장 좋아하는 계절은 어떤 계절인가? 그 계절을 즐기는 이유는 무엇인가? 각자마다 다양한 이유가 있겠으나, 대부분 날씨가 온화한 '봄'이나 '가을'을 선호하는 이들이 많다. 달랏은 따듯한 봄과, 시원한 가을이 공존하는 도시다. 반팔을 입은 사람과 두꺼운 외투를 걸친 사람이 동시에 오토바이를 타고 가는 희귀한 구경을 할 수 있다. 동남아의 더운 날씨를 피해 진정한 피서지를 원하는 사람들에겐 망설임 없이 달랏을 추천한다.

아름다운 도시 전체가 포토존

작가와 달랏에 다녀온 주변 지인들이 버릇 삼아 꼭 다짐하는 말이 있다. "어머니 모시고 꼭 다시 한번 달랏에 가야겠어!." 그만큼 계절마다 거리 곳곳에 장미와 튤립, 카멜리아 등 300여 종의 식물이 자라있어, 도시 전체가 꽃밭이니 꽃을 보면 소녀같이 미소를 지으실 어머니 생각이 절로 떠오른다. 베트남 최대 화훼시장을 책임지고 있는 달랏답게 총 1,350여 종의 열대성, 온대성 식물들이 있다.

✈ 짧은 동선, 깊은 경험, 달랏 추천 여정

Route 1

 달랏 대성당 — 도보 10분 —  크레이지 하우스 — 도보 5분

차량 5분 — 브아토이에서 점심 식사 — 도보 7분 — 달랏 오트 케어 스파에서 마사지

 바오다이 여름별장 — 차량 10분 —  달랏 기차역 — 기차 20분

 자뀌에서 저녁 식사 — 차량 20분 — 린프억 사원 — 도보 5분 —  짜이맛역

Route 2

 안 카페 글로벌에서 모닝 커피 — 차량 15분 —  다딴라 폭포 — 차량 15분

차량 20분 — 던 카페에서 휴식 — 차량 5분 — 목 느에서 점심 식사

랑비앙 산
 차량 25분
 곡하탄에서 저녁 식사
 도보 7분
 달랏 야시장

Route 3

 달랏 꽃 정원
 도보 5분
 쑤언 흐엉 호수 산책
 도보 20분
 케이블카 10분
 달랏 케이블카 탑승
 차량 10분
 나우 비스트로에서 아침 식사 겸 모닝 커피
 죽림사원
 차량 15분
 쿠킹클래스 참여 및 저녁 식사
 도보 10분
 옥 하노이에서 해산물 안주와 맥주 즐기기

Route 4

 리엔호아 베이커리에서 간단한 아침 식사
 차량 1시간
 링언사 방문
 도보 10분
 차량 35분
 메린 커피 농장 관광 및 커피 시음
 차량 15분
 코끼리 폭포 방문

분짜29하노이에서　　　도보 6분　　　치지 달랏에서 간식　　　도보 15분
늦은 점심

르 레투어에서　　　도보 2분　　　브이 카페에서　　　도보 5분　　　100루프바에서
와인 즐기기　　　　　　　　　　저녁 식사　　　　　　　　　　커피와 함께 미로 찾기

Route 5

퍼 히우에서　　　차량 10분　　　사랑의 계곡　　　도보 2분
아침 식사　　　　　　　　　　　방문

차량 10분　　　툭툭치킨에서　　　차량 3분　　　XQ역사빌리지
　　　　　　　점심 식사　　　　　　　　　　　방문

다푸 언덕에서　　　차량 15분　　　달랏 동화나라　　　차량 10분
사륜 바이크 투어　　　　　　　　방문

트린 카페에서 휴식　　　도보 5분　　　쉐프스 달랏에서
　　　　　　　　　　　　　　　　저녁 식사

Route 6

진흙마을 방문 → 차량 30분 → 센소 카페에서 휴식 → 차량 30분

세븐T 커피에서 휴식 및 경치 감상 → 까오응웬호아 자연 생태 공원 → 차량 10분 → 몽고랜드 방문

차량 2분 → 호아손 생태 국립 공원 → 차량 25분 → 반쎄오 꾸에 흐엉에서 늦은 점심

흥지앙 스파 방문 → 도보 15분 → 달랏 대학교 산책 → 차량 4분

차량 10분 → 븐티텀-자르뎅 데 레브에서 저녁 식사 → 차량 10분 → 파초포차에서 한식과 소주 즐기기

Chapter 9
달랏 시내 이곳저곳 파헤치기

✈ 안개는 왜 달랏으로 흐를까

쑤언 흐엉 호수 Hồ Xuân Hương (Xuan Huong Lake)

달랏의 상징이자 달랏 여행의 시작점인 쑤언 흐엉 호수. 이 아름다운 호수의 이름은 한국말로 '춘향(春香)'호수다. 그렇다. 우리가 알고 있는 '춘향전(春香傳)'의 그 춘향이와 동명인 셈이다. 프랑스 식민 정부에 의해 건설된 둘레 5km, 면적 25만㎡에 달하는 산 위의 거대한 인공호수로서 아름다운 달랏 산골마을의 풍경을 더욱 풍요롭게 만든다.

📍 Trần Quốc Toản, Phường 1, Đà Lạt   💵 입장료 무료   🕐 24시간 개방

달랏 대성당 Nhà Thờ Chánh Tòa Đà Lạt (Dalat Diocese Cathedral)

달랏 대성당은 '수탉교회(Nhà thờ Con gà)'라고도 불린다. 규모는 작지만 깔끔하고 차분한 색감의 외관이 독특하고 인상적이라 현지인들의 웨딩촬영 장소로 유명한 곳이다. 성당 내부는 일요일은 24시간 개방되고 그 외에는 미사 진행 시간에만 관람이 가능하니 잘 확인하고 일정을 계획해 보자. 성당은 고지대에 우뚝 솟아 있어 달랏 시내 뷰를 감상할 수 있는 뷰포인트 역할을 하기도 한다. 특히 일몰시간에 붉은 노을과 함께 붉어진 성당이 멋스러운 분위기를 자아낸다.

📍 15 Trần Phú, Phường 3, Đà Lạt   📞 +842633821421   💵 입장료 무료   🕐 5:15-16:15
(미사시간 5:30, 7:00, 8:30, 16:00, 18:00) (일요일 24시간 개방)

바오다이 황제의 여름별장 Bao Dai Summer Palace

베트남 응우옌 왕조의 마지막 13대 황제인 바오다이(Bảo Đại)가 사용했던 별궁으로 오래된 가구와 고풍스러운 분위기의 내부, 아름다운 화원으로 인해 당시 왕족의 일상생활과 역사적인 공간을 엿볼 수 있는 곳이다. 여기에서 베트남 황제의 전통의상을 대여해 왕좌에 앉아 사진을 찍어 볼 수도 있다 (50,000VND). 총 세 개의 궁이 있으며 그중 제3궁전은 1930년대의 프랑스 건축 양식과 베트남 전통 양식이 서로 섞여 있는 독특한 건축양식을 경험할 수 있다.

📍 1 Đường Triệu Việt Vương, Phường 4, Đà Lạt (제3궁전)   📞 +842633831581
💰 40,000VND (2,200KRW)   🕐 7:00-17:30

✈ Plus+ 여행 중 알아보는 흥미로운 지식, 바오다이와 남프엉 부부

바오다이(Bảo Đại, 1913-1997)는 베트남 역사의 마지막 왕조로서, 황제 시절 사치와 향락을 즐기는 호화스러운 생활과 여러 여성들과의 관계로, 현재까지도 베트남인들에게 많은 비판을 받는 인물이다. 결정적으로 프랑스의 간섭으로 베트남이 혼란스러울 때 제대로 된 리더십을 발휘하지 못하고 식민지의 허수아비 군주로서 허송세월만 보낸 인물로 평가받는다. 프랑스에게 나라를 지켜내지 못한 이후에도 권력을 계속 유지했으나 자포자기한 그는 술과 탐욕에 계속 찌들어가는 행태를 보여 '무능한 왕', '프랑스의 꼭두각시' 등의 불명예스러운 인식으로 기억되고 있다.

허나, 이러한 그와 달리 그의 황후인 남프엉(Nam Phương, 1914-1963)에 대한 베트남인들의 평가는 상당히 긍정적이다. 그녀는 베트남 남부 재벌가문의 딸로 현재 시각으로 봐도 빼어난 절세미인이라 베트남에서는 지금도 인기가 있는 역사적 인물로 꼽힌다. 바오다이의 끊임없는 외도와 후궁들로 인해 힘든 결혼생활을 하였음에도, 황후로서의 역할 다하며 많은 자선활동과 포용적인 정책활동을 펼치는 등 베트남 황실의 품격을 높였다는 평가를 받는다. 폐위된 이후에도 호치민 주석이 황실에 대한 예우로 건넨 생활비를 모두 자선단체에 기부하고 프랑스로 망명을 떠나 조용히 생을 마감하며 끝까지 지혜롭고 우아한 여성으로써 정절을 지킨 인물이라 여겨진다.

현재 세계적으로도 유명한 베트남 여가수 호아 민지(Hòa Minzy)의 '영원히 함께 할 수 없어요(không thể cùng nhau suốt kiếp)'라는 곡은 그들의 이야기를 담은 황후의 절절하고 가슴 아픈 외로움과 사랑을 노래한다. 여름궁전 정원을 거닐며 노래를 듣고 있노라면 그들의 역사적 배경과 영화 같은 사랑이야기의 감정이 우리에게도 더 와닿는 듯하다.

달랏 기차역 Ga Đà Lạt (Dalat Railway Station)

베트남 현지인들은 대부분 달랏을 상상하면 기차역을 떠올린다. 그만큼 상징적이며 베트남에서 가장 오래되고 아름다운 기차역인 달랏역은 동양에서 가장 높은 곳에 자리잡은 기차역이기도 하다. 프랑스 식민 통치 기간 중 설립되어 과거에 프랑스 군인들의 물자수송에도 쓰였으나, 현재는 운행하지 않고 관광목적으로만 개방하고 있다. 랑비앙 산을 본따 만든 삼각형모양의 지붕과 1920년대부터 프랑스를 중심으로 유행하던 아르 데코 양식(Art Deco Style)에 따라 간결미와 노란색 외관이 어우러져 앤틱스러운 아름다움을 지닌 곳이다.

달랏역이 기차역으로써의 역할을 완전히 잃어버린 것은 아니다. 오전 7시 10분부터 오후 9시 50분까지 운행하는 관광용 증기기관차가 다닐 수 있도록 7km 정도의 선로가 깔려 있다. 열차는 린프억 사원 근처의 짜이맛역(Trại Mát)까지만 운행한다. 기차표는 편도와 왕복, 일반석과 VIP석 등에 따라 금액이 다양하다. 마치 호그와트 열차를 타는 듯한 감성적인 클래식 열차에 올라 30분간의 짧은 기차여행을 즐겨 보자.

- 01 Quang Trung, Phường 9, Đà Lạt +842633834409 / +84967777659
- 입장료 5,000 VND (270KRW) / 기차표 77,000-166,000VND(4,200-8,900KRW) 7:30-17:30

달랏 시장 Chợ Đà Lạt (Dalat Market)

달랏 센터(Dalat Center) 건물과 함께 야시장이 열리는 지역을 중심으로 펼쳐진 재래시장. 센터 앞 대형 도매시장 건물과 외부의 상설시장까지 모두 돌아보려면 생각보다 규모가 커 당황스럽다. 현지인들은 생필품을 구매하거나 장을 보러 오며, 여행객들은 기념품과 말린 과일 등을 구매하러 온다. 자연이 유명한 도시인 달랏답게 여러 화훼시장들뿐만 아니라 직접 재배한 신선한 과일과 채소를 판매하고 있으니 눈에 띄는 재료를 사 숙소에 돌아와 먹어 보아도 좋다.

- 6B Nguyễn Thị Minh Khai, Phường 1, Đà Lạt
- 입장료 무료 *물건 구매 시 카드 결제 불가
- 6:00-18:00

달랏 야시장 Chợ đêm Đà Lạt (Dalt Night Market)

일반 재래시장인 낮시장 땐 다양한 특산품을 판매하던 달랏 시장의 한 귀퉁이가 야시장엔 새롭게 변한다. 한쪽엔 패션의류와 크록스, 각종 잡화를 판매하고, 반대편엔 먹거리를 판매하는 노상식당들이 즐비해 있다. 달랏 야시장의 장점은 다른 관광도시의 야시장보다 훨씬 한가롭고 번잡하지 않다는 것과 매일 저녁 열린다는 것이다. 그뿐인가. 달랏 피자, 달랏 딸기, 닭꼬치 등 달랏의 여러 명물을 맛볼 수 있으며 주말엔 차량을 통제하기 때문에 더욱 쾌적하게 둘러볼 수 있다.

- 6B Nguyễn Thị Minh Khai, Phường 1, Đà Lạt
- 입장료 무료 *물건 구매 시 카드 결제 불가
- 17:00-7:00AM

크레이지 하우스 Crazy House

달랏 여행의 필수 방문 코스 중 하나인 크레이지 하우스. 1983년 현지 여성 예술가인 당 비엣 응아(Đặng Việt Nga)가 건축한 건물로써, 지금까지 알던 평범한 현대 건축물의 상식을 모두 파괴하는 기괴하고 독창적인 디자인 덕에 방문객들의 탄성소리가 끊임없이 들려오는 곳. 단순한 관광지를 넘어 예술적인 영감을 자극하기까지 한다. 미로 같은 좁은 통로나 기울어진 벽, 계단 등을 구경하며 위로 올라가면 달랏의 자연경관을 감상할 수 있으며, 관광뿐만 아니라 숙박도 가능하다. (숙박 정보 p.177)

- 03 Huỳnh Thúc Kháng, Phường 4, Đà Lạt 80,000VND (4,300KRW)
- crazyhouse.vn fb.me/CrazyHouseDalatVietnam 8:30-19:00

람동 박물관 Bảo tàng Lâm Đồng (Lam Dong Museum)

달랏시를 포함하고 있는 럼동성의 역사에 대해 알아볼 수 있는 박물관. 현대식 핑크빛 건축물 안에 고대에 발견된 도자기, 현지 소수민족들의 복장과 악기 등을 전시하고 있어 우리가 평소에 알던 베트남의 전통문화와는 또 다른 문화를 엿볼 수 있는 곳이다. 알렉상드르 예르생, 달랏의 역사 등 유용한 전시회도 종종 개최하며, 여왕의 집과 놀이터, 정원까지 있어 아이들을 데리고 오기에도 좋은 곳이다.

- 4 Hùng Vương, Phường 10, Đà Lạt +842633812624 10,000VND (540KRW)
- baotanglamdong.com.vn 7:30-17:00 (11:30-13:30 점심 휴게 시간!)

달랏 대학교 Trường đại học Đà Lạt

관광지는 아니지만 캠퍼스 내에 울창한 나무들이 많아 산책하기 좋은 환경인 달랏 대학교는, 베트남 달랏 시내에 위치한 국립대학으로써 맑은 공기 속에서 30-40분 정도 거닐기 좋은 곳이다. 베트남 대부분의 대학교가 그렇듯 우리나라의 대학교에 비해 그 규모가 크진 않지만 아담하고 조용한 분위기를 자랑한다. 특히 주말에는 많은 사람들이 사진을 찍거나 휴식을 취하는 장소로 인기를 끌고 있다. 캠퍼스 곳곳에는 다양한 카페와 레스토랑이 있어, 음료가 저렴하고 맛있어서 쉬어 가기 좋은 장소다. 이곳 학생들은 매우 예의가 바르고 외지인을 보면 친절하게 인사를 해주기 때문에, 한국인으로서 반갑게 인사를 나누면 좋은 이미지를 남길 수 있다.

📍 1 Đường Phù Đổng Thiên Vương, Phường 8, Đà Lạt   📞 +842633822246   💳 입장료 무료
🌐 dlu.edu.vn

죽림사원 Thiền Viện Trúc Lâm (Truc Lam Buddhist Monastery)

케이블카를 타고 가는 산자락에 위치한 불교 사원. 1993년에 지어져 역사가 그리 깊지 않지만 산속에 둘러싸인 경치와 꽃, 호수 등이 어우러진 사원의 모습이 아름다워 유명세를 타고 있다. 종교가 없더라도 사원이 주는 특유의 느낌이 마음을 편하게 해주는 죽림사원은, 카메라셔터를 누르고 추억을 저장하기 바쁜 관광객모드에서 잠시 벗어나게 해 준다. 가만히 벤치에 앉아 느긋하게 불상을 바라보기만 해도 여행의 한 페이지가 채워지는 기분이다.

📍 Trúc Lâm Yên Tử, Phường 3, Đà Lạt (다딴라 폭포에서 5분)   📞 +84 263 3827 565
💳 입장료 무료   🕐 7:00-17:00

달랏 케이블 카 Cáp Treo Đà Lạt (Dalat Cable Car Station)

죽림사원으로 향하는 케이블카. 따로 전망대를 찾지 않아도 될 만큼 역 자체의 전망도 멋지지만, 진짜 풍경은 케이블카에 올라타는 순간부터 시작이다. 단순한 이동을 떠나 사원으로 향하는 내내 깊은 산기슭의 풍경을 다른 각도로 즐길 수 있다. 색색의 꽃으로 꾸며진 아름다운 경내와 수려한 산세뿐만 아니라 뚜엔람 호수(Hồ Tuyền Lâm)의 전망도 좋은 볼거리다. 정상에 도착하면 숨을 깊게 들이마셔 보자. 오랜 도시 생활에 절어 있던 기관지가 깨끗한 피톤치드향으로 정화될 것이다.

📍 Đồi Robin, Phường 3, Đà Lạt (시내에서 차로 6분)　📞 +842633837938　💰 80,000-120,000VND (4,300-6,500KRW)　🕐 7:30-16:45 (11:45-13:00 일요일 제외 점심 휴게 시간)

진흙 마을 Đường Hầm Điêu Khắc (Clay Tunnel/Sculpture Tunnel)

세계 최대 규모의 진흙 조각 공원으로, 달랏 예술가들의 정신이 깃든 예술작품들이 다양하게 전시되어 있다. 찬찬히 둘러보면 한 시간은 족히 넘을 만큼 생각보다 규모가 큰 공원이라 비싼 입장료가 아깝지 않은 곳이다. 동물, 악기, 인물 등의 조각상뿐만 아니라 달랏의 유명 관광지인 달랏 기차역, 랑비앙 산, 대성당 등을 형상화한 조각들도 있어 더욱 더 달랏이라는 도시와 친해질 수 있는 기회를 제공한다. 진흙마을의 독특한 풍경과 함께 다양한 사진촬영 명소도 마련되어 있어 많은 여행자들이 찾는 인기명소로 자리잡고 있다.

📍 Khu du lịch hồ Tuyền Lâm, Phường 4, Đà Lạt (시내에서 차로 25분)　📞 +84338985899　💰 120,000VND (6,500KRW) *카드 결제 불가　🕐 7:00-17:00

린프억 사원 Chùa Linh Phước (Linh Phuoc Pagoda)

1952년, 유리와 세라믹조각으로 정교하게 만든 모자이크 형식의 외관이 독보적인 린프억 사원이 완공되었다. 버려진 병조각과 깨진 유리를 사용하여 만든 이 사원은 '쓰레기 사원'이라고도 불린다. 고즈넉하고 자연과의 조화를 중시하는 한국의 사원들에 비해 이 반짝이는 알록달록한 사원은 불교 건축물에 대한 인식에 큰 차이가 있음을 느끼게 한다. 화려함을 넘어 예술작품에 가까운 린프억 사원의 지하에 표현된 '지옥'은 공포스러움을 자극한다. 지하에서 극락으로 올라가는 듯한 연출과 다양한 볼거리를 제공하며, 8,500kg의 청동종과 기네스북에 등재된 부처상이 사원의 하이라이트다. 탑, 내부기둥, 석가모니의 역사와 경전에 대한 기록마저 유리조각과 모자이크로 장식된 이곳은 화려함의 극치를 보여준다.

120 Tự Phước, Phường 11, Đà Lạt (시내에서 차로 15분)   입장료 무료   8:00-17:00

달랏 꽃 정원 Vườn hoa thành phố Đà Lạt (Dalat Flower Garden)

1966년에 설립된 쑤언 흐엉 호수 인근에 위치한 달랏 꽃 정원은 면적 약 7,000㎡의 대형 정원과 300여 종의 꽃을 보유하고 있다. 중앙에 있는 인공호수가 멋진 사진을 남기기에 좋으며, 정원 곳곳 다양한 조형물들로 볼거리가 많다. 분재정원, 선인장 정원 등이 대표적이며, 큰 정원을 다 둘러보기 지친 사람들을 위한 유료 버기카도 운영 중이니 걷기 힘들 때 활용해 보도록 하자.

02 Trần Nhân Tông, Phường 8, Đà Lạt   100,000VND (5,400KRW)
7:00-18:00 (금,토 7:00-22:00)

랑비앙 산 Khu du lịch Lang Biang (Langbiang Mountain)

시내에서 차량으로 40분 정도 떨어진 달랏 북부에는 해발 1,950m의 랑비앙 산이 있다. 원데이 투어상품으로 가도 좋고, 택시나 오토바이를 이용하여 개인적으로 방문해도 좋다. 전망대에서 감상하는 달랏의 전경은 가히 이국적이며, 탁 트인 전경이 눈이 부시다. 전망대에선 식당, 카페, 기념품샵뿐만 아니라 포토존, 독수리와 사진찍기 등 다양하게 즐길 수 있다. 50년 전만 해도 코뿔소와 호랑이가 살았다던 산비탈에선 현재 풀을 뜯고 있는 반 야생마들을 볼 수 있으며, 인근에 사람들이 모여 사는 랏 마을(Lat Village)을 구경할 수도 있다.

입구에서 정상이나 전망대까지 트래킹을 하는 이들도 많지만 평범한 여행객은 차량을 이용해도 좋다. 여행사나 투어상품 등을 통해 버스를 이용해도 좋지만 주로 입구에 위치한 매표소에서 6인승 지프차 티켓을 구매한다. 탑승자 수에 상관없이 6인승 가격을 지불해야 하기 때문에 6인 이하의 여행객의 경우, 매표소에서 다른 여행객들을 기다렸다 수를 맞춰 탑승하면 불필요한 경비지출을 줄일 수 있다. 다른 여행객들을 기다리는 동안 친절한 매표소 직원들과 수다를 나누며 바라보았던 푸른 하늘과 짙은 담녹색 숲이 기억에 남는다.

📍 305 Langbiang, Thị trấn Lạc Dương, Lạc Dương (시내에서 차로 20분)
💰 50,000VND (2,700KRW) / 6인승 지프차 720,000VND (39,000KRW) 🕒 7:30-17:30

몽고랜드 Mongo Land Dalat

아직 국내 여행객들에게는 잘 알려져 있지 않지만, 달랏 현지 MZ들의 핫플레이스인 몽고랜드는 말 그대로 몽골여행을 온 듯 몽골의 문화와 음식, 전통체험 등을 할 수 있는 곳이다. 이곳이 달랏 젊은이들을 이끄는 이유는 알록달록한 게르들 뒤편에 펼쳐진 푸른 초원뷰 때문이다. 몽고랜드 내부에서는 사람들을 두려워하지 않고 관광객 무리 사이사이를 제 집 마냥 누비는 염소와 양떼, 동물원을 방불케 하는 낙타, 알파카, 토끼, 햄스터, 카나리아 등 다 열거하기도 힘든 다양한 동물들을 직접 만져볼 수 있다. 무지개 위를 미끄러지듯 내려가는 대형 튜브썰매가 이곳의 가장 큰 하이라이트다.

- Tổ 16 thôn 1, Tà Nung (시내에서 차로 30분) +84983577377 100,000VND (5,400KRW)
- f fb.me/mongoland.dalat 7:00-17:00

달랏 동화나라 Dalat Fairytale Land

마치 동화 속 한 페이지를 현실에 그대로 옮겨다 놓은 듯한 장소다. 아기자기한 건물과 신비로운 식물정원, 곳곳에 숨겨진 동화 속에서 방금 꺼낸 듯한 귀여운 장식들이 즐비해 있어, 동화 속 주인공이 되어 마을을 산책하는 듯한 기분을 낼 수 있다. 공주나 마녀, 요정, 난쟁이 등의 캐릭터 의상을 입고 사진 촬영을 할 수 있으며, 분장을 하고 돌아다니는 다른 방문객들은 마치 동화 속에서 방금 튀어나온 듯하다. 특히 꽃이 예쁘게 피는 시기에 방문하면 자연과 조화를 이룬 넓고 아름다운 공원을 산책하기에 좋으며, 다양한 포토존이 마련되어 있다. 이곳에서 직접 생산한 와인을 시음해볼 수 있는 기회도 놓치지 말자.

- 81D Hoàng Văn Thụ (Vạn Thành, Cam Ly, Phường 5, Đà Lạt) +842633822777
- 90,000VND (4,900KRW) vinhtiendalat.vn 7:30-17:00

매린 커피 농장 Me Linh Coffee Garden

넓게 펼쳐진 커피 농장을 바라보며 테라스에 앉아 시원한 커피를 즐길 수 있고, 시원한 바람이 우리의 오감을 자극하는 곳. 취향에 따라 시음 후 원하는 원두를 구매할 수도 있다. 개인차량을 통해 방문해도 좋지만 원데이 투어상품을 이용해 편리하게 다녀올 수 있다. 베트남 커피의 재배방법과 생산과정을 A부터 Z까지 찬찬히 살펴볼 수 있으며, 이곳에서 맛볼 수 있는 최고급 위즐 커피와 인생샷명소가 유명해 많은 이들의 데이트장소이기도 하다.

- Tổ 20 thôn 4, Tà Nung (시내에서 차로 30분/몽고랜드에서 5분)   +84919619888
- 입장료 무료 *음료 주문 필수/음료 금액 85,000-140,000(4,600-7,600KRW)
- fb.me /melinhcoffeegarden   6:00-17:00

다딴라 폭포 Khu du lịch Thác Datanla (Datanla Waterfall)

웅장한 너비의 폭포. 그러나 다딴라는 베트남의 흔한 거대 폭포와는 다르다. 바로 아시아에서 가장 긴 알파인 코스터에 올라 폭포와 산세를 감상할 수 있기 때문이다. 알파인 코스터를 타고 도착한 폭포는 바로 앞보다는 폭포 앞 작은 다리 위에서 사진을 촬영하는 것이 더욱 보기 좋다. 간혹 캐릭터 탈을 쓰거나 무단으로 사진을 찍은 후 돈을 요구하는 이들이 있으니 주의해야 한다. 알파인 코스터 외에도 다딴라 폭포에선 다양한 산악 액티비티를 체험해볼 수 있다. 계곡의 급류를 타거나 등산을 하며 즐기는 신종 산악 스포츠인 캐녀닝(Canyoning)과 줄 하나에 신체를 의존하여 빠른 속도로 산을 내려오는 활동인 짚라인이 대표적이다. (p.150)

- QL20 Đèo Prenn, Phường 3, Đà Lạt (시내에서 차로 10분)   50,000VND(2,700KRW) / 알파인코스터 110,000-250,000VND (5,900-13,500KRW)   7:00-17:00

사랑의 계곡 Thung lũng Tình Yêu (Valley Of Love)

달랏 시내에서 북쪽으로 7km정도 떨어진 이곳은 프랑스 식민 시절 당시 귀족들의 유명한 데이트장소였으며, 바오다이 황제 시절 '평화의 계곡'이라는 이름으로 불렸으나 1935년 '사랑의 계곡'으로 명칭을 변경하였다. 세계 유명 건축물들을 재현해 둔 미니어처파크와 식물과 꽃으로 꾸며진 테마공원, 짚라인, 유격장, 오리보트 등을 유무료로 이용하며 그 시절 귀족들의 우아하고 오붓한 데이트를 떠올려 보자.

📍 5 -7, Mai Anh Đào, Phường 8, Đà Lạt (시내에서 차로 10분)   💰 250,000VND (13,500KRW)
🕐 7:00 – 17:00

XQ역사빌리지 XQ Đà Lạt Sử Quán (XQ Historical Village)

들어서는 순간 감탄이 절로 나오는 수준 높은 수예화와 자수작품을 볼 수 있는 자수 박물관. 단순히 예쁘장한 자수제품이 아닌 한 폭의 그림을 보는 듯한 자수작품에 한 번, 작품의 규모에 두 번 놀랄 것이다. 전통적으로 베트남 여인들의 자수솜씨는 현재까지 명성이 자자했으며, 여기에 회화적 특성을 가미하여 예술의 경지로 승화시킨 XQ의 작품들. 작업과정과 장인들의 생활공간, 재례공간, 휴식공간 등을 관람할 수 있으며 아름다운 정원과 전통공연까지 볼거리가 많다. 최근 늘어난 한국인 방문객 덕분에 한국어가 프린트된 간단한 설명문을 받을 수 있으며, 한국관에는 박항서 감독의 인물화 자수도 볼 수 있다.

📍 80A Đường Mai Anh Đào, Phường 8, Đà Lạt   📞 +842633831343
💰 100,000VND (5,400KRW)   🌐 xqvietnam.com   fb.me/xqvietnam   🕐 8:00-17:30

골든 밸리 Thung Lũng Vàng (Golden Valley)

한가로운 주말이면 생각나는 동네 근처 공원, 산 등 자신만의 소풍 장소가 있다. 달랏 사람들에겐 골든 밸리가 그러한 곳이다. 피크닉 명소로 유명한 골든 밸리는 주차장 입구부터 반겨주는 울창하게 우거진 소나무숲이 분위기를 압도한다. 수국이 가득한 꽃길과 호수를 가로질러 건널 수 있는 대나무다리에선 어린이들이 잉어 밥주기 체험을 하는 데 열중이다. 이곳만 가기엔 아쉬우니 투어상품이나 근처 다른 곳들과 함께 코스를 짜 방문하는 것이 좋다.

- Lạt Đồng, Khu du lịch Thung Lũng Vàng, Lát, Lạc Dương (시내에서 차로 30분)
- +842632240689 50,000-100,000VND (2,700-5,400KRW) thunglungvang.vn
- fb.me/kdlthunglungvang 7:00-17:00

호아손 생태 국립공원 Hoa Sơn Điền Trang (Hoa Sơn Ecotourism Destination)

베트남어 선생님으로서 참을 수 없는 직업병이 하나 발동하는 순간이다. 지도나 표지판에서 보이는 'KDL' 베트남어 지식 하나만 알려드리고자 한다. 'KDL'은 'Khu Du Lịch(관광지)"의 약자로 보통 자연 생태공원을 뜻한다. 베트남의 KDL들은 국내의 작은 공원이나 인공적인 화원들과 비교할 수 없을 정도로 아름답다. 이 중 호아손(Hoa Sơn)은 국가 차원에서 주기적으로 훼손되지 않도록 관리하기 때문에 아이들에겐 좋은 교육학습의 장이며, 어른들에겐 진정한 자연의 정취를 선물한다. 절벽 끝에 걸린 거대한 손바닥 조형물이 유명한 산책명소이기도 하다.

- Tiểu khu 159, Phường 5, hướng đi đèo, Đà Lạt (시내에서 차로 20분) +84868588886
- 20,000-50,000VND(1,000-2,700KRW) fb.me/khudulichsinhthaihoasondientrang
- 7:00-17:00

까오응웬호아 자연 생태공원 Cao Nguyên Hoa Đà Lạt

2022년에 개장해 아직 한국인에게 잘 알려 지지 않은 떠오르는 명소. '까오 응웬(Cao Nguyên:고원)'과 호아(Hoa:꽃)이 합쳐진 단어로써 이름 글자 그대로 높은 고원에 마련된 꽃밭을 감상할 수 있는 생태공원이다. 다른 KDL들과 다른 점은 자연 속으로 풍덩 빠지는 느낌을 주는 대형 공중그네와 내리막길 코스를 신나게 내달리는 루지를 탑승할 수 있다는 것이다. 다른 곳에선 돈을 지불해야 하는 공중그네를 이곳에선 무료로 탑승할 수 있으며, 친절한 직원이 인생샷을 남겨주기 위해 이리저리 카메라를 돌려가며 사진을 찍어 준다. 루지는 다딴라 폭포의 알파인 코스터 못지 않는 새로운 스릴을 느낄 수 있으며 대기줄이 길지 않아 한적하다.

- Tiểu khu 158, Đèo Tà Nung (시내에서 차로 20분/호아손 국립공원에서 3분)　+84983855556
- 70,000-150,000VND (3,800-8,100KRW) / 루지 콤보 250,000VND (13,500KRW)
- fb.me/KDLSinhThaiCaoNguyenHoaDaLat　7:00-16:30

✈ 달랏 놀거리

캐녀닝 Canyoning

베트남 달랏은 스위스 인터라켄, 세부 가와산과 더불어 세계 3대 캐녀닝 성지 중 하나다. 시작 전 전문의의 문진은 물론, 땅 위에서 미리 레펠 연습과 하네스 착용법을 충분히 익힌 후 캐녀닝을 시작해야 한다. 기본적인 수영과 하이킹뿐만 아니라 계곡 암벽을 타고 내려가는 코스부터 거대한 폭포를 위에서부터 하강하는 고난이도 코스까지 산악의 지형에 따라 다양한 코스가 있다. 사실 캐녀닝이 가능한 장소는 전 세계에 생각보다 많지 않다. 그러니 정신과 신체를 단련할 도전정신으로 똘똘 뭉친 자라면 고민없이 체험해 보아야 하는 익스트림의 극치다.

대표장소 다딴라폭포(p.146)
추천업체 Phat Tire Ventures Vietnam (ptv-vietnam.com /@phattireventures /+84 868 979 612), Dalat Adventure Tours (adventuredalat.com /+84 98 483 71 28), Viet Action Tours (vietaction.com /+84 263 3527 627)
준비물 튼튼한 레깅스, 운동화나 스포츠 샌들, 방충제, 수영복
평균 비용 1,000,000-1,880,000VND (54,000-110,500KRW)
소요 시간 6시간

사륜 바이크 투어 ATV Tour

울퉁불퉁한 산길과 숲속 오솔길을 달리면서 짜릿한 스릴을 즐기며 달랏 하늘의 구름 사냥을 떠나 보자. 출발 전, 조작법을 배우고 안전과 방문할 장소들에 대한 설명을 듣는다. 운전이 미숙하다면 거칠면서도 노련한 기사님의 뒷좌석에 타 풍경에 집중할 수도 있다. 본격적으로 커피와 차농장, 딸기농장, 달랏의 유명한 화훼온실 등을 지나치며 거리 곳곳을 누비다 보면 드넓은 상추밭과 현지 작물들이 가득한 달랏 특유의 전원풍경에 도착할 수 있다. 더욱 외진 곳엔 야생마와 물소, 호수와 강, 관광객들이 잘 찾아오지 않는 숨겨진 산악코스 등이 등장한다. 아침투어를 신청하는 경우, 아름다운 운무를 볼 수 있다.

대표장소 다푸언덕, 랑비앙 산
추천업체 클룩 '달랏 ATV 조인 투어' (klook.com/ko), 겟유어가이드 '달랏:ATV 어드벤처' (getyourguide.com), 비엣 챌린지 투어 '달랏 고원 정복' (vietchallenge.com)
준비물 어두운 하의와 흙이 묻어도 씻어낼 수 있는 재질의 신발, 선글라스, 선크림
평균 비용 926,000-1,256,000VND (50,000-68,000KRW)
소요 시간 3시간

쿠킹클래스 Cooking class

중부 고원에 위치한 달랏은 신선한 채소와 허브가 풍부한 곳으로 현지에서 공수한 식재료를 직접 고르고, 베트남 전통요리를 배울 수 있는 이색적인 요리수업을 제공한다. 현지시장에 방문하여 향신료와 식재료에 대한 설명을 듣고 사람 향기 나는 로컬의 문화를 엿볼 수 있다. 정원이 있는 한적한 가정집에서 힐링하며 반쎄오, 쌀국수, 스프링 롤 등을 만들어 보자. 달랏의 독특한 채소들을 이용한 비건요리를 배워볼 수 있다. 아쉬운 점은 간혹 시장투어 중 기념품샵 방문을 유도하는 강사님도 계시다는 것이며, 적당한 밀고 당기기가 필요하다.

대표장소 달랏 시내
추천업체 Life In Laugh Cooking Class (fb.me/DaLatLifeInLaughhomestay), Ngon Cooking Class (@ngon.cookingclass)
준비물 편한 복장과 신발, 머리끈, 굶주린 배
평균 비용 740,000-1,260,000VND (40,000-68,000KRW)
소요 시간 4시간

✈ 달랏 식사

목 느 Mộc Nữ BBQ&BEER

특별한 쌀국수를 맛볼 수 있는 곳으로, 샤브샤브처럼 고기를 따로 내어주어 뚝배기 국물에 데쳐 먹을 수 있도록 한다. 이 중 뚝배기 분보의 진한 국물이 유명해 시내에서 조금 거리가 떨어져 있지만 일부러 방문할 가치가 있는 곳이다. 최근 달랏에 등장한 가덥루(Gà Đập Lu)라고 일컫는 닭고기를 진흙으로 만든 항아리에 넣어 소스와 익힌 독특한 요리법 또한 선보인다. 친절한 직원들의 따뜻한 미소와 시원한 국물이 쌀쌀한 달랏의 날씨와 잘 어울리는 식당이다.

📍 11 Thông Thiên Học, Phường 2, Đà Lạt 📞 +84912506200 🍽 뚝배기 쌀국수, 뚝배기 분보, 항아리 닭구이 💵 50,000-129,000 VND (2,700-7,000KRW) 🌐 quananngonmocnudalat.com fb.me/MocNuBBQ 🕐 11:30-23:30

퍼 히우 Phở Hiếu

무려 1979년부터 운영하고 있는 오래된 식당이다. 향이 크게 강하지 않아 현지음식이 잘 맞지 않는 사람에게 적합한 쌀국수를 판매한다. 한국의 예능 프로그램에 출연하여 유명해져 메뉴에는 한국어 서비스가 잘 마련되어 있으며, 어린이 사이즈부터 곱빼기 사이즈까지 고루 갖춘 메뉴와 고수를 넣을지 여부도 미리 체크하는 세심함을 가지고 있다. 함께 제공하는 반 쿠아이(Bánh quẩy)는 개당 1만동으로, 국물에 적셔 먹는 맛이 일품이다.

📍 103 Nguyễn Văn Trỗi, Phường 2, Đà Lạt 📞 +84971257848 🍽 소고기 쌀국수, 분보후에, 치즈 요거트 💵 45,000-65,000VND (2,400-3,500KRW) *카드 결제 가능 fb.me/PhoHieuDaLat# 🕐 6:00-20:30

분짜29하노이 Bún chả 29 hanoi

작은 골목 사이, 달랏에서 하노이식 분짜를 제대로 맛볼 수 있는 숨은 맛집이다. 아늑하고 깔끔한 공간과 친절한 사장님 덕에 편안한 식사시간을 보낼 수 있다. 부쩍 한국인 손님이 늘어 요즘 한국어를 공부하고 있다는 사장님에게 친근함이 느껴진다. 인기 있는 곳이라 너무 늦은 시간에 방문할 경우, 재료가 모두 소진되는 경우가 있어 저녁보단 점심이나 오전에 방문하는 것이 좋다. 낮은 의자에 앉아서 먹는 베트남 다이닝스타일의 환경으로 진정한 현지분위기를 느낄 수 있는 곳.

215/4 Phan Đình Phùng, Phường 2, Đà Lạt +840383333933 스페셜 분짜
35,000-45,000VND (1,900-2,400KRW) 8:00-19:00

자뀌 Dã Quỳ

야생 해바라기라는 의미로, 깔끔하고 위생적인 식당에서 베트남 가정식을 맛보고 싶다면 이곳을 방문해 보자. 까다로운 어머니 입맛에도 크게 호불호가 없는 맛집으로 전체적인 메뉴 모두가 한국인 입맛에 잘 맞춰져 있는 편이다. 이 중, 생선이나 새우를 넣은 전통 토분 요리를 주문해 보자. 하지만 공고되어 있는 영업시간에 따르지 않고 자유롭게 운영을 하는 편이다. 일찍 문을 닫는 날이 많으니 미리 전화를 하거나 여유를 가지고 방문하는 것이 좋다.

119 Đường Phan Đình Phùng, Phường 1, Đà Lạt +842633510883 모닝글로리 볶음, 마늘 볶음밥, 볶음면, 새우 클레이팟 59,000-299,000VND (3,200-16,100KRW) 7:00-21:00

곡하탄 Góc Hà Thành

프랑스인 남편과 베트남인 부인이 함께 운영하는 작고 아담한 현지 식당이다. 낮엔 비교적 한산하지만 저녁엔 현지에서 거주 중인 외국인과 관광객들로 북적거리는 곳이다. 친절한 서비스와 음식의 질이 높아 한국인들도 많이 찾는다. 특히 질 좋은 고기로 만든 넴 느엉이 인기이며, 음료와 과일디저트가 포함된 알찬 구성의 세트메뉴를 찾는 이들이 많다.

📍 51 Trương Công Định, Phường 1, Đà Lạt 📞 +84888886044 👉 넴 느엉, 코코넛 커리, 스프링 롤, 새우 샐러드 💰 65,000-139,000VND (3,500-7,500KRW) 🕐 11:30-21:30

비 퀴진 Vị Cuisine

메뉴가 많진 않지만 하나하나 정성이 담긴 베트남 가정식을 선보이는 비 퀴진은 음식의 맛뿐만 아니라 플레이팅까지 신경 쓰는, 눈과 입이 모두 즐거운 식사를 제공한다. 가격이 높은 만큼 음식의 품질을 보장해 주기 때문에 중요한 이를 데려오기에도 안성맞춤이다. 모던하면서도 아늑한 분위기와 개방감 있는 야외좌석으로 인해 여행의 분위기를 한층 돋워 주는 장소이다. 호치민에도 2호점이 있으며 친절한 직원들과 여럿이서 방문한 손님들을 위한 세트메뉴도 있어 가족, 친구들과 함께 방문하기에도 좋다.

📍 64 Huyền Trân Công Chúa, Phường 5, Đà Lạt 📞 +84967485348 👉 오징어 볶음, 새우단호박 볶음, 철갑상어 스튜 💰 99,000-499,000VND(5,300-27,000KRW) 📷 @vicuisine.vn 🕐 11:00-21:30 (15:00-15:30 브레이크 타임)

리엔호아 베이커리 Liên Hoa

우리나라에선 국내 유명 예능프로그램에 방영되어 유명해졌으나, 사실 방송 출연 전부터 현지인들에게 유명한 빵집. 새벽부터 자정까지 영업해 늦은 밤에 방문해도 부담이 없으며, 우리에게도 익숙한 케이크, 크루아상, 초코머핀뿐만 아니라 코코넛 빵, 반미, 달랏 우유 등 베트남의 특색 있는 간식들도 저렴하게 구매할 수 있다.

📍 19 Ba Tháng Hai, Phường 1, Đà Lạt 📞 +842633837303   스페셜 반미, 그릴드 포크 반미, 바게트, 짜봉 케이크   💰 5,000-85,000VND(270-4,600KRW)   🌐 banhmilienhoa1987.com
🕐 5:00-24:00

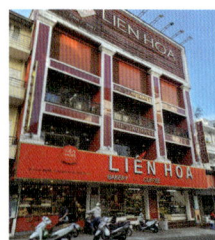

반쎄오 꾸에 흐엉 Bánh Xèo Quê Hương

달랏 대학교 근처에 위치한 현지인 맛집으로, 기름 가득하고 바삭한 반쎄오를 맛보고 싶다면 이곳에 방문해 보자. 저렴한 가격과 푸짐한 재료로 굶주린 달랏 대학교 대학생들의 배를 채워주는 이곳은 반죽이 두껍고 기름지다는 평이 있지만, 그만큼 두툼하고 크리스피한 식감이 일품인 곳이다. 관광객을 대상으로 하는 곳이 아니라 위생면에서 조금 아쉬울 수 있지만, 진정한 로컬을 즐기며 먹는 맛있는 반쎄오는 재방문 의향을 불러일으킨다. 이곳에 방문하면 1인 1반쎄오는 필수.

📍 140 Đường Phù Đổng Thiên Vương, Phường 8, Đà Lạt   스페셜 반쎄오
💰 35,000-60,000VND (1,900-3,200KRW)   🕐 15:00-21:00

옥 하노이 Ốc Hà Nội

산간 지역인 달랏에서 해산물을 저렴하게 즐길 수 있는 특별한 곳. 한국인 관광객이 많이 없어 현지 분위기를 느낄 수 있다. 특히 2층에서 식사하면 사람들과 오토바이들이 오고 가는 거리 풍경을 내려다볼 수 있어 더욱 베트남의 매력을 느끼며 식사할 수 있다. 1층에서 직접 원하는 해산물을 선택한 후, 취향에 맞는 여러 조리법에 따라 요리사가 즉시 조리를 시작한다. 가격도 합리적이며 해산물이 신선해 인기가 있다. 특히 북부 베트남의 전형적인 맛을 달랏에서 맛볼 수 있다는 특징이 있으며 소스 맛이 일품이다. 소주도 판매하고 있어 애주가들에겐 환상의 장소다.

- 83A Nguyễn Văn Trỗi, Phường 2, Đà Lạt 📞 +84826418083
- 조개 구이, 소라 찜, 치즈굴 구이, 해산물 볶음밥 💰 15,000-109,000VND(800-5,900KRW)
- fb.me/Ocmettipeohanoi 🕐 16:00-24:00

쉐프스 달랏 Chè's Dalat

고급스러운 프랑스와 이탈리아 레스토랑으로, 달랏의 조용한 지역에 위치해 있어 여행의 피로를 풀기에 완벽한 장소다. 'Farm to table' 방식을 적용하여 달랏의 품질 높고 신선한 재료를 사용한 파스타와 피자, 디저트가 인상적이다. 대부분의 메뉴가 전체적으로 좋은 평을 얻고 있으며, 친절한 서비스와 영어소통이 원활해 외국인 방문객이 대부분이다. 현지 물가에 비해 가격대는 다소 높은 편이지만 한국에서 비슷한 퀄리티의 요리와 비교해 보자면 매우 합리적이다.

- 156 Đường Phạm Ngọc Thạch, Phường 6, Đà Lạt 📞 +84919069314
- 양고기 스테이크, 화덕 피자, 까르보나라, 아티초크 타르트, 티라미수
- 90,000-515,000VND (4,900-27,800KRW) fb.me/chefsdalat 🕐 8:00-22:00

나우 비스트로 NOW Bistro-Coffee

입구의 아기자기한 간판을 지나 안으로 들어서면 넝쿨이 벽을 감싸 안은 듯한 초록빛 공간이 펼쳐진다. 화이트톤과 빈티지한 우드톤이 조화를 이뤄 레트로한 느낌을 자아내며, 책이 가득한 예쁜 책장은 마치 숲속 오두막에 온 듯한 따뜻한 분위기를 자아낸다. 아침부터 저녁까지 아울러 파스타, 버거, 샌드위치 등 정성스러운 식사를 제공하며, 취향에 따라 커피만 또는 와인만 즐기고 가도 좋다. 번잡한 시내를 벗어나 자연 속에서 편안한 휴식을 원할 때 방문하기 좋은 곳이다.

📍 18 Huỳnh Thúc Kháng, Phường 4, Đà Lạt 📞 +84845686811 👍 크림브륄레, 햄버거, 크루아상 샌드위치, 에그 커피, 애플 주스, 시나몬 커피 💰 40,000-275,000VND (2,200-14,900KRW)
📘 fb.me/NOWBISTRO 🕒 7:00-22:00

아티스트 앨리 Artist Alley

현지인 화가가 운영하는 독특한 레스토랑. 깔끔한 양식과 와인을 즐길 수 있으며, 가성비 맛집으로 유명한 곳이다. 이름에 걸맞게 곳곳에 기발한 그림과 조각품들이 즐비해 있고, 현지인의 대저택에 들어서면 보이는 화가의 작품과 타일, 클래식한 테이블이 고풍스러운 느낌을 자아낸다. 테이블의 촛불 덕에 낭만적인 데이트를 즐기기 좋으며, 육류 요리가 아쉽다는 평이 많으니 피자나 파스타 또는 해산물요리를 주문하는 것이 좋다.

📍 124/1 Phan Đình Phùng, Phường 2, Đà Lạt 📞 +84941662207 👍 아보카도 샐러드, 양파수프, 갈릭 바게트 💰 50,000-240,000VND (2,700-13,000KRW) 🕒 11:00-21:00

프리마베라 이탈리안 레스토랑 Primavera Italian Restaurant

유럽 강국의 식민 시절의 흔적으로 달랏 시내 곳곳에는 분위기 좋은 서양식 레스토랑을 흔히 볼 수 있다. 이 중 이태리 현지의 맛을 느낄 수 있는 프리마베라 레스토랑. 현지인보다는 외국인이 더 많이 찾는 곳으로 화덕에 구운 피자나 라자냐를 좋아하는 이들이라면 한 번쯤 방문해 볼 만하다. 특히, 달랏의 특산품인 아티초크를 사용한 아티초크 피자가 있으니 도전해 보자.

- 54/7 Phan Đình Phùng, Phường 1, Đà Lạt +842633582018 화덕 피자, 크림 뇨끼
- 105,000-340,000VND(5,700-18,400KRW) primaveradalat.com 12:00-22:00

브이 카페 V cafe Restaurant Dalat

몇 개의 테이블과 테라스가 전부인 아담하지만 유럽감성으로 가득한 작은 라이브 카페다. 빈티지한 인테리어 속 유러피안 커즌을 맛볼 수 있는 곳으로 한 번 방문하면 다시 찾게 되는 곳이다. 10년 넘게 운영해 온 시간 속에서 많은 단골들이 이곳을 사랑하며 꼭 식사뿐만 아니라 가볍게 커피 한 잔을 마셔도 좋다. 벽면을 가득 채운 사진들, 천장에 매달린 동양풍의 전등은 동서양의 조화를 보여준다. 목, 금, 토 밤 9시 이후엔 잔잔한 라이브 공연과 함께 술 한 잔 기울이기에도 좋은 곳. 포근한 아지트에서 즐기는 식사는 달랏의 여행을 더욱 풍미 있게 만들어 준다.

- 17 Bùi Thị Xuân, Phường 2, Đà Lạt +842633520215 크림 파스타, 샐러드, 하우스 와인
- 75,000-320,000VND (4,000-17,300KRW) fb.me/vcafe.dalat 7:30-22:00

르 라베레 Le Rabelais

달랏 팰리스 헤리티지 호텔 내부(p.176)에 있는 레스토랑으로써 클래식하고 우아한 분위기를 연출해 마치 영화 속 귀부인의 파인다이닝을 즐기는 기분이다. 프랑스 명화가 가득 걸려있는 벽면과 어울리는 화려한 샹들리에, 새하얀 테이블보와 어울리는 웨스턴 메뉴들로 우리의 기분을 들뜨게 한다. 정중한 서비스와 저녁에 연주하는 피아노 라이브가 음식 맛을 더 돋우게 한다. 오후 2시부터 5시까지 하이티를 즐길 수 있으니 식사가 어렵다면 차를 마시러 가도 좋으며, 너무 편안한 옷을 입고 가는 것은 예의에 어긋나니 주의하자.

- 2 Trần Phú, Phường 3, Đà Lạt +84633825444 카나페, 바게트, 스테이크, 육류 요리
- 230,000-2,000,000VND (12,400-108,000 KRW)
- dalatpalacehotel.com/dining/le-rabelais 7:30-22:00

븐티텀-자르뎅 데 레브 Vườn Thì Thầm-Jardin Des Rêves

25년 1월에 갓 오픈하여 현지인들의 큰 주목을 이끌고 있는 동화 같은 분위기의 프랑스 레스토랑 겸 카페. 마치 프랑스의 작은 마을에 온 듯한 멋진 인테리어를 선사한다. 곳곳이 포토존으로 가득하며, 마치 크리스마스를 맞은 호그와트 학교를 그대로 가져온 듯한 분위기에 연인, 친구들과 함께 여유로운 시간을 보내기에 완벽한 곳이다. 예쁜 정원의 야외좌석뿐만 아니라 실내에서 창을 통해 멋진 뷰를 감상할 수 있으며 친절한 직원들의 세심한 서비스가 인기다. 단체방문을 할 경우, 미리 예약하는 것이 좋다.

- 9A Cô Giang, Phường 9, Đà Lạt +84898375888 뱅쇼, 크루아상, 홍차, 굴 요리
- 125,000-245,000VND (6,800-13,200KRW) @vuonthitham 10:00-21:00

파초 포차 Pacho Pocha

달랏 산 중턱에 위치한 이곳은 탁 트인 뷰를 바라보며 '소주'를 한 잔 기울일 수 있는 특별한 곳이다. 이름에 '포차'라고 적혀 있듯 한국 포장마차의 느낌을 그대로 살린 이곳은 한국식 인테리어와 요리를 판매하는 주점이다. 베트남 음식에 질려 가끔은 한식이 그리울 때 방문해 보자. 최근 동남아에 한국 음식 열풍으로 베트남 젊은이들의 새로운 핫플레이스로 떠오르고 있으며, 달랏의 마운틴뷰와 한식을 동시에 즐길 수 있어 매력적이지만 다소 외진 곳에 위치해 있어 돌아갈 때 교통수단을 미리 확보해 두는 것이 좋다.

- hẻm 136 - số 82 cũ, Hoàng Hoa Thám, Phường 10, Đà Lạt +84886100522
- 김치전, 후라이드 치킨, 떡볶이, 계란말이 39,000-99,000VND (2,100-5,300KRW)
- @pacho pocha.dalat 11:00-22:00

치지 달랏 Cheesy Đà Lạt

앞서 소개한 파초 포차의 미니버전 같은 작은 가게. 토스트와 콘도그뿐만 아니라 한국요리를 판매하는 독특한 곳이다. 가장 인기메뉴인 스페셜 토스트와 점보 핫도그는 어릴 적 먹던 달달한 간식을 떠오르게 하며, 가격 또한 합리적이라 부담없이 즐기기 좋다. 다만, 간혹 예고없이 문을 닫는 경우가 있어 방문 전 운영여부를 확인하는 것이 좋다. 1층으로 이루어진 현지식 테이블과 플라스틱 의자에 앉아 오밀조밀한 간식을 먹고 있노라면 마치 단골집에서 친구들과 하하호호 떠들며 보내던 학창시절이 생각난다.

- 196 Hai Bà Trưng, Phường 6, Đà Lạt +84376571335 스페셜 토스트, 핫도그, 어묵탕
- 19,000-56,000VND (1,000-3,000KRW) @cheesy.dalat 9:00-23:00

아름식당 Areum Quán

친절한 한국인 사장님이 운영하는 소소하고 작은 백반집. 장기여행을 하다 따뜻한 정을 나누는 한국음식이 그리워질 때 방문하는 곳이다. 싱싱한 생선구이가 일품이며 함께 나오는 국과 밑반찬 대부분 맛이 훌륭하다. 아직 인터넷에 잘 알려져 있지 않지만, 여행객들 사이엔 입소문이 자자하게 나 아는 사람만 간다는 히든플레이스다.

- 33/20B Nguyễn Công Trứ, Phường 8, Đà Lạt 📞 +84369661741
- 갈치 구이, 고등어 구이, 미역국 💰 60,000-365,000VND (3,200-19,700KRW)
- 🕐 11:00-22:00 (14:00-16:00 브레이크 타임)

츄 바비큐 CHU BBQ

츄 바비큐는 달랏에서 가장 규모가 큰 로컬식 숯불 바비큐 식당이다. 무려 1,000석이 넘는 좌석이 마련되어 있으며, 저녁 시간이 되면 현지인들로 늘 만석인 곳이다. 한국식 바비큐와는 약간 다른 방식으로 미니 숯불 화로에 원하는 해산물과 육류를 주문해 구워 먹는 시스템이다. 이곳의 소스는 특히 한국인의 입맛에 잘 맞는 매콤하고 달짝지근한 맛으로 유명하여, 볶음밥과 함께 제공되는 절임채소가 조화로워 인기가 있다. 직원들은 친절하지만 손님이 몰리는 시간대에 응대가 늦은 편이라 추가 주문이나 불판 교체가 늦어질 수 있으니 약간 이른 저녁 시간에 방문하는 것이 좋다.

- LÔ B1/18 KQH GOLF VALLEY, Phường 2, Đà Lạt 📞 +84912016892 총알오징어, 쭈꾸미, 돼지고기, 소고기 볶음밥, 닭발 💰 45,000-250,000VND (2,400-13,500KRW) *카드 결제 불가
- 🕐 12:00-24:00

커트 키트 Cút Kít - Đà Lạt Buffet BBQ

저렴한 가격으로 숯불구이 뷔페를 즐길 수 있는 커트 키트. 베트남어로 'Cút kít(꿋낏)'은 손수레를 뜻한다. 손수레처럼 언제나 우리 곁에서 짐과 함께 이동하며 따뜻한 정을 나누는 편안한 곳이라, 현지인들에게 일상데이트, 회식, 가족외식 장소 등으로 가장 이상적인 곳으로 꼽힌다. 바비큐 파티도 가능해 현지인들의 생일파티나 축하모임을 우연히 구경하는 즐거움도 있다. 쌀국수와 고수풀이 지겨워 고기가 당기는 날에 방문하기 좋은 곳이다.

- 222 Đường Mai Anh Đào, Phường 8, Đà Lạt
- +84785849440
- 돼지고기 숯불 구이, 미트볼
- 149,000-199,000VND (8,000-10,700KRW)
- fb.me/cutkitbbqbeer
- @cutkit bbq_beer
- 17:00-22:00

툭툭치킨 Tiệm gà Túk Túk

랑비앙 산 전망대 근처에 위치하여 달랏의 현지인들이 가족 단위로 외식을 즐기러 찾아오는 닭구이 전문점이나. 규모가 커서 웨이팅 걱정 없이 여유롭게 식사를 즐길 수 있으며, 여행객보다는 현지인들로만 가득하여 로컬 분위기를 제대로 경험할 수 있는 곳이다. 닭구이 하나만 주문해도 2-3명에서 충분히 먹을 수 있을 정도로 푸짐한 양을 자랑하며, 볶음밥도 1인분이 한국 기준보다 넉넉하다. 김치 메뉴까지 있으니 우리에게 더욱 익숙함을 보여주며, 운이 좋으면 저녁에 열리는 라이브 공연도 감상할 수 있다. 베트남 전통 발효주를 판매하고 있어 색다른 경험을 맛볼 수 있다.

- 39 Đường Trần Đại Nghĩa, Phường 8, Đà Lạt
- +84814302507
- 통닭 구이, 양념 치킨, 폭립 세트
- 60,000-390,000VND (3,200-21,000KRW)
- 10:00-23:00

✈ 달랏 카페 & 펍

센소 카페 Senso café

달랏 도심 한가운데서 고요한 여유를 즐길 수 있는 카페. 아직 국내에 많이 알려지지 않아 아는 사람들만 아는 곳인 센소 카페는 화이트톤의 깔끔한 인테리어와 모던한 감성이 조화를 이룬다. 넓은 창을 통해 달랏의 신선한 공기를 느낄 수 있어, 마치 현대식 사랑방에 온 듯한 편안함을 준다. 빠른 5G 인터넷으로 인해 디지털 노마드들의 떠오르는 성지이자, 감성적인 공간을 찾는 이들이 애정하는 공간. 한국어가 가능한 친절한 직원이 상주하고 있으며, 이곳의 시그니처 메뉴들은 하나씩 모두 먹어 보아도 좋을 만큼 세련된 맛과 코지한 분위기가 퍽 어울리는 곳이다.

📍 65 Trương Công Định, Phường 1, Đà Lạt ☕ 넘버투미팅(No.2 Meeting)커피, 넘버원러브(No.1 Love)커피 💵 35,000-95,000VND (1,900-5,100KRW) 📷 @sensocafe.dl 🕐 7:30-22:00

윈드밀스 카페 Windmills

달랏 골목을 누비며 걷다 보면 귀여운 인테리어가 눈길을 이끄는 카페들을 종종 만나곤 한다. 특히, 윈드밀스는 우리가 찾기 쉽도록 한국어로 크게 적힌 초록색 간판이 눈에 띈다. 그렇게 여행자들을 초대해 발길이 이끌려 들어갈 수밖에 없게 만드는 아기자기한 분위기의 카페. 플라워카페라 다양한 식물과 소품들로 어우러진 인테리어를 구경하다 보면 친절한 직원이 예쁜 유리컵에 음료를 내어온다.

📍 133A Phan Đình Phùng, Phường 2, Đà Lạt 📞 +842633540806
☕ 밀크티, 망고티, 녹차라떼 💵 45,000-55,000VND (2,400-3,000KRW) 🕐 7:00-22:00

안 카페 글로벌 An Cafe Global

여유와 초록이 가득한 도심 속 카페. 서양인 손님들이 주 고객층이며, 다양한 식물들로 가득해 자연을 느낄 수 있는 힐링공간이다. 넓은 창가에 앉아 싱그러운 초록빛을 감상하며, 경적소리를 음악 삼아 커피 한 잔을 즐기기에 더할 나위 없이 좋다. 차들이 지나다니는 복잡한 도로를 남일인 것처럼 바라보며 한적한 카페의 분위기를 즐길 만한 곳. 감각적인 인테리어와 산세베리아 화분들로 그냥 지나치기 아쉬운 카페다. 특히 달달한 맛의 커피를 좋아하는 이들에게 추천하며, 식사도 가능하다.

- 63Bis Ba Tháng Hai, Phường 1, Đà Lạt
- +849021297519
- 소금 커피, 연유 커피
- 35,000-59,000VND (1,900-3,200KRW)
- ancafeglobal.com
- fb.me/ancafedalat
- 7:30-21:30

스틸 카페 Still Café

달랏역 근처에 위치한 지브리 감성을 느낄 수 있는 핫플레이스로 유명하다. 인스타그램에 적합한 포토제닉한 공간이 마련되어 있어 많은 사람들이 사진을 찍기 위해 방문하는 곳이지만, 그만큼 카페 자체도 아기자기하고 멋진 요소들이 가득하다. 카페 내부는 조용하고 차분한 분위기를 자랑하며, 일본의 애니메이션 이웃집 토토로와 가오나시와 같은 캐릭터들을 만날 수 있는 포토존이 마련되어 있다. 카페 외에도 라멘가게 등 다양한 맛집들이 있으며, 인근 무료주차장도 마련되어 있어 방문이 편리하다.

- 59 Nguyễn Trãi, Phường 9, Đà Lạt
- +84344626702
- 아보카도 주스, 초코 라떼, 요거트
- 50,000-85,000VND (2,700-4,600KRW)
- fb.me/still.dalat
- 8:00-22:00

100 루프바 100 Roof bar

지금껏 살아온 인생, 가장 독특한 컨셉의 카페를 꼽으라면 아마 이곳을 꼽는 이들이 많을 것이다. 마치 가우디의 구엘공원이 떠오르는 이 독특한 카페의 내부구조는 크레이지 하우스와 유사한 컨셉으로 미로처럼 설계되어 있다. 다양한 테마의 방과 루프탑으로 향하는 야외정원 등이 복잡하게 얽힌 통로로 구성되어 있어 각기 다른 분위기를 즐길 수 있다. 생각보다 복잡한 구조로 활동량이 많을 수 있으니 연유 커피 같은 음료보단 갈증을 해소하는 음료를 주문하는 것이 좋다. 어둡고 기괴한 내부로 인해 겁을 먹는 아이들이 있는 경우, 지하통로 방향보다는 좀더 탁 트인 옥상통로 방향으로 향하는 것이 좋다.

- 57 Phan Bội Châu, Phường 1, Đà Lạt
- +84903040202
- 칵테일, 맥주, 스무디, 에이드
- 35,000-75,000VND (1,900-4,000KRW)
- fb.me/100roof.mazebar
- 8:30-24:00

더 매리드 빈스 The Married Beans

너무 쓰고 너무 달기만 한 베트남 커피에 실망했다면 '더 매리드 빈스'를 찾아가 보자. 한국의 커피 애호가들이 극찬하며 달랏에서 가장 맛있는 커피를 경험할 수 있다 말하는 이곳은 커피의 퀄리티가 높고, 다양한 원두를 취급한다. 싱글오리진, 아라비카 등이 대중화되어 다양한 원두를 즐길 수 있으며, 특히 아메리카노와 푸어오버 커피는 산미가 살아있다. 가격대는 일반 커피들에 비해 높은 편이며, 주차공간이 협소하다. 내부 공간은 깔끔하고 아담하지만 카페보다는 원두 판매점을 겸업하는 듯해 테이블 수가 많지 않다. 그만큼 커피에 집중하는 분위기를 즐길 수 있어 아늑하고 편안하다.

- 6 Nguyễn Văn Trỗi, Phường 1, Đà Lạt
- +84339544944
- 푸어오버 커피, 아메리카노
- 45,000-70,000VND (2,400-3,800KRW)
- themarriedbeans.com
- 7:00-22:00

라 비엣 커피 La Viet Coffee

넓은 공장형 로스터리 카페인 라 비엣 커피는 카페에 들어서자마자 퍼지는 신선한 커피향이 기대감을 높이는 곳이다. 달랏산 원두 커피를 마실 수 있으며 커피 팩토리 투어 프로그램도 진행하고 있다. 산미가 도드라지는 스타일을 좋아하는 이들은 드립 커피로, 고소한 걸 즐기는 이들은 코코넛 라떼로 누구나 음료를 즐길 수 있으며, 합리적인 가격으로 한국인 여행객들 사이에서 달랏에 방문하면 찾아가는 장소로 떠오르고 있다.

- 본점 200 Nguyễn Công Trứ, Phường 8, Đà Lạt / 분점 4D Trần Quý Cáp, Phường 9, Đà Lạt
- +842633981189 사이폰 커피, 드립 커피, 코코넛 커피
- 10,000-59,000VND (500-3,200KRW) laviet.coffee 7:00-22:00

트린 카페 TRINH café

달랏 핑크성당 근처에 위치한 한국의 '힙지로'가 생각나는 멋스러움을 가진 카페. 조용한 골목에 자리 잡아, 빈티지한 인테리어로 마치 시간을 거슬러 올라가는 느낌을 주며, 특히 저녁에 방문하면 로맨틱한 일몰을 즐길 수 있다. 웰컴티로 제공되는 진저티가 아주 맛있으며, 음료와 함께 간단한 빵이나 스낵을 제공해주어 소소한 기쁨이 있다. 가격이 무척 저렴하고 작은 의자에 베트남의 젊은 청년층들이 모여 있는 모습은 아기자기하면서 베트남 MZ문화를 그대로 우리에게 전달해준다.

- hẻm 2, Mai Hắc Đế, Phường 6, Đà Lạt +84908942266 블랙 커피, 무설탕 과일 주스
- 15,000-30,000VND (800-1,600KRW) @trinh.cafe 7:00-17:30

깜 달랏 CAM-Đà Lạt

나트랑 야시장과 가까이 위치한 생과일주스 가게. 카페라고 보기보단 주스가판대 정도의 작은 규모라, 테이크아웃하여 야시장을 구경하며 신선하고 시원한 과일주스를 마실 수 있다. 성격 좋고 열정적인 청년이 직접 갈아주는 신선한 주스는 그날그날 가판대에 진열되어 있는 과일을 직접 선택할 수 있다. 과일을 갈아 만든 주스뿐만 아니라 즙을 짜서 만든 착즙주스, 스무디, 빙수 등 다양한 방식의 과일 디저트를 먹을 수 있어 누구나 좋아하는 곳이다.

- 23 Khu Hoà Bình, Phường 1, Đà Lạt
- +84933178320
- 망고 주스, 망고 스무디
- 20,000-120,000VND (1,000-6,500KRW)
- fb.me/tiemtraicaycamdalat
- @camdalat
- 9:00-00:30AM

모닝 인 타운 커피 Morning in Town Coffee

달랏 버스 터미널에서 도보 10분 정도 거리에 위치해 있어 냐짱과 달랏을 오갈 때 방문하기 좋은 곳이다. 고풍스러운 분위기와 아름다운 테라스에서 즐길 수 있는 초록초록한 전망이 인상적이다. 특히 아치형 창문과 플랜테리어가 예뻐 사진찍기 좋은 장소로도 인기가 많다. 귀여운 고양이가 상주하며, 브런치 메뉴도 유명해 많은 사람들이 찾는 곳이다.

- 25 đường 3/4, Phường 3, Đà Lạt
- +84946931593
- 크루아상, 미짱, 애프터눈 티 세트
- 39,000-75,000VND (2,100-4,000KRW)
- @morningintowncafe
- 7:00-22:00

녀 호아이 Nhớ Hoài

유명 베트남 영화 '앰 바 트린(Em và Trịnh)'의 촬영지로 유명한 곳이다. 쑤언 흐엉 호수 전경이 보이는 고지대 언덕 위에 위치해 있어, 풍경이 일품이다. 영화의 유명세로 인해 짝퉁(?)카페가 생겨날 정도. 카페 인테리어는 낡고 오래되었지만 넓고 사장님이 아주 친절하며, 영화의 주인공이자 베트남 음악계의 역사적인 인물인 트린 꽁선(Trịnh Công Sơn)의 음악이 흘러나와 달랏의 풍경을 가득 담은 카페 분위기가 더욱 여유롭고 느긋하게 느껴진다. 상주하는 강아지와 고양이의 인기가 대단하여 주말보단 한가한 평일에 방문하는 것이 좋다.

9 Trần Hưng Đạo, Phường 10, Đà Lạt +84933079857 소금 커피, 패션프루트 주스
35,000-50,000VND (1,900-2,700KRW) @caphetiemmaynhohoai 7:30-22:00

르 쁘띠 자르댕 Le Petit Jardin

프랑스어로 '작은 정원'이라는 의미로, 말 그대로 작고 아름다운 정원이 인상적인 카페다. 사랑의 계곡과 달랏 대학교 사이에 위치하여 아름다운 정원의 생화와 앤틱한 인테리어가 돋보인다. 차를 주문하면 정원에 있는 생화를 띄워 손님에 대한 환영의 인사를 더하고, 양쪽으로 나눠진 건물은 각기 다른 분위기의 인테리어로 꼭 앨리스의 원더랜드에 온 것만 같은 기분이 든다. 야외 테이블에는 디저트모형이 있어 사진을 남기기에도 좋으며 현지커플들이 방문하는 사랑이 넘치는 곳. 특히 애프터눈 티 세트의 가격이 10만동 밖에 되지 않아 많은 여성들에게 사랑받는 곳이다. 영어 메뉴판이 없고 베트남어 메뉴판만 제공된다.

65 Tô Hiệu, Phường 7, Đà Lạt +84907373776 애프터눈 티 세트, 과일차
45,000-70,000VND (2,400-3,800KRW) @lepetitjardin.dalat 7:00-21:00

던 카페 Đơn cà phê

달랏의 작은 언덕길에 자리 잡은 조용하고 고즈넉한 카페다. 소소한 규모와 심플하고 감성적인 인테리어가 인상적이다. 여러 마리의 고양이들이 자유롭게 돌아다니며 책을 읽는 손님에게 애교를 부리기도, 노트북 위에 앉아 귀여운 방해를 하기도 하는 평화로운 이곳. 던 카페의 특별한 점 중 하나는 직접 원하는 컵을 선택할 수 있다는 점이다. 선반 위에 놓은 아기자기한 컵들 중 취향에 맞게 골라 주문하는 작은 디테일이 섬세하게 스며들어 있는 장소다.

- 45 Kim Đồng, Phường 6, Đà Lạt
- +84327957130
- 블랙 커피, 생강차
- 35,000-55,0000VND (1,900-3,000KRW)
- @don.caphe
- 8:00-19:00 (매주 수요일 휴무)

러이 쿠아 지오 Lời Của Gió

한국어로 바꾸면 '바람의 말'이라는 의미로써, 이름에 걸맞게 베트남 북서부 지역의 돌담과 목조건축에서 영감을 받아 설계된 독특한 공간이다. 계곡을 내려다보는 높은 지대에 자리 잡고 있어 낮에는 탁 트인 자연경관을, 밤에는 온실하우스의 불빛이 만들어 내는 야경을 감상할 수 있다. 단순한 카페이기보다는 하나의 커다란 문화공간에 가까운 이 건물은 여느 관광지 못지않게 특별하다. 다양한 포토존이 마련되어 있어 베트남 젊은층에게 인기가 있으며, 대규모 인원도 수용이 가능할 만큼 널찍한 공간을 자랑한다. 멋진 전망을 따라가지 못하는 음료의 맛이 아쉽지만, 이곳에서 감상하는 일출과 일몰은 따라올 장소가 없다.

- Huỳnh Tấn Phát, Phường 11, Đà Lạt
- +84337559502
- 핫 블랙 커피
- 80,000VND (4,300KRW) *음료 1잔 포함
- fb.me/dalat.loicuagiocoffee
- 6:30-22:00

세븐T 커피 Seven-T Coffee

까오응웬호아 자연 생태공원 내부에 위치한 달랏에서 가장 유명한 카페 중 하나다 (p.149). 그림처럼 아름다운 풍경을 자랑하는 이곳은 탁 트인 시원한 공간과 빽빽하고 푸르게 우거진 소나무숲 사이에 자리한 호수를 볼 수 있다. 상쾌한 음료 한 잔을 즐기며 여유를 즐길 수 있으며, 카페뿐만 아니라 캠핑, 피크닉을 즐길 수 있는 공간도 따로 마련되어 자연친화적인 카페를 찾는 이들에겐 안성맞춤인 곳이다.

- Tiểu khu 158, Đèo Tà Nung (시내에서 차로 20분/호아손 국립공원에서 3분) +84963217733
- 스파클링 에이드 45,000-55,000VND (2,400-3,000KRW) *카드 결제 불가 7:00-19:00

호라이즌 커피 Horizon Coffee

한국인들이 많이 찾는, 속 시원한 뷰를 자랑하는 전망카페다. 달랏 시내에서 차로 약 10분 정도 거리에 떨어져 있어 조용하고, 시내와 다른 아름다운 풍경과 함께 커피를 즐길 수 있다. 높은 경치에서 산세를 감상할 수 있는 테라스와 바닥까지 뚫려 아래를 감상할 수 있는 그물이 있어 산속에 풍덩 빠져드는 느낌을 주기도 한다. 낮뿐만 아니라 밤에 켜지는 아름다운 조명들은 또 다른 포토스팟을 만들어 낸다. 다만 음료 가격대가 높은 편이며, 여러 과일차의 맛이 아쉬운 편이니 차보다는 커피를 마시는 것이 좋다.

- 31/6 Đường 3/4, Phường 3, Đà Lạt (시내에서 차로 10분/죽림사원 케이블카에서 2분)
- +84367255299 카페 라떼, 연유 커피 50,000-60,000VND (2,700-3,200KRW)
- 7:00-21:00

거우 가든 24시 Cafe 24h Gâu Garden

대부분의 달랏의 뷰가 좋은 카페들은 높은 숲속 언덕에서 장엄한 경치를 자랑한다. 이곳 거우 가든도 마찬가지로 아름다운 풍경을 자랑하나, 여기는 한 가지 더 이색적인 포인트가 있다. 베트남어로 거우(Gâu)는 '개가 짖는 소리'를 의성어로 표현한 것이다. 한국어는 '멍멍', 영어는 '바우와우'가 있듯 베트남는 '거우거우'인 셈이다. 이름에 걸맞게 다양한 종의 강아지들이 제 집인 것처럼 카페 안을 휘젓고 다닌다. 커피나 음료뿐만 아니라 알코올과 식사류도 판매하고 있기 때문에 어느 때든 강아지와 함께하고 싶다면 방문 가능하다.

📍 2/2 Trần Quang Diệu, Phường 10, Đà Lạt 📞 +84988651357 ☕ 연유 커피, 과일 스무디, 칵테일 💵 30,000-55,000VND (2,800-3,000KRW) 📘 fb.me/Gau.Gardendl 🕐 24시간 영업

르 레투어 Le Retour

와인을 좋아하는 사람이라면 꼭 한번 들러 볼 만한 곳이다. 로제 와인, 레드 와인, 화이트 와인 모두 다양하게 맛볼 수 있으며 치즈, 스낵, 과일 등 어울리는 안주를 추천해준다. 시끌벅적하지 않고 조용하고 아늑한 분위기로, 혼자 가기에도 썩 어울리는 곳이다. 아름다운 인테리어와 그에 어울리는 선곡으로 와인을 마시는 순간이 더욱 특별하게 느껴진다. 창가 자리에 앉아 달랏의 밤거리를 바라보며 한 모금씩 음미하면, 여행의 피로도 자연스레 풀리는 듯하다.

📍 38 Phan Bội Châu, Phường 2, Đà Lạt 📞 +84766962491 🍷 프랑스 와인, 치즈&과일 플래터 💵 150,000-1,700,000 VND (8,100-92,000KRW) 🕐 16:00-24:00

브아토이 Bữa Tối

크레이지 하우스 근처에 위치하여 전통과 현대가 조화를 이루는 작은 꼬치구이 가게다. 달랏 특유의 신선한 재료와 섬세한 조리법이 돋보이며, 강한 양념 없이 재료 본연의 맛을 살려 부담없이 즐길 수 있는 맛이다. 친절하고 영어가 가능한 직원들이 내어주는 정갈한 음식 덕에 절로 기분이 좋아지는 곳이며, 여기의 전통주는 합리적인 가격과 부담스럽지 않은 양으로 깔끔한 식사가 가능하다. 입구에 별무늬가 있는 강아지가 반겨주는 따뜻한 분위기가 가득한 곳.

📍 1/4 Pasteur, Phường 4, Đà Lạt   📞 +84969500281   🍽 생선 구이, 전통주, 닭꼬치, 돼지꼬치, 두부 구이, 짜조, 쉬림프 페이스트   💰 15,000-65,000VND (800-3,500KRW)   📷 @buatoi.dalat
🕐 5:00-22:00 (매주 수요일 휴무)

✈ 달랏 숙소

아나 만다라 빌라스 달랏 Ana Mandara Villas Dalat Resort

100년의 시간을 품은 프랑스 식민지풍 빌라 17채, 그리고 그 안을 가득 채운 70개의 객실. 마치 시간이 멈춘 듯한 이곳에서, 우리는 여행이 아닌 머무름을 배운다. 각 빌라는 3~6개의 객실과 거실, 다이닝룸이 함께 있는 형태로 설계되어 있어 가족, 친구들과 오롯이 우리만의 시간을 보낼 수 있다. 고풍스러운 가구와 빈티지한 장식이 어우러져 마치 오래전 유럽의 어느 저택에 초대받은 듯한 느낌을 준다.

- 2 Lê Lai, Phường 5, Đà Lạt ☎ +842633555888
- 2,150,000~3,330,000VND (116,000~180,000KRW) 🌐 anamandara-resort.com

라 플레르 프리미엄 센트럴 La Fleur Premium Central

이곳의 첫인상을 키워드로 정리하자면 '청결'과 '카카오톡'이다. 바닥이 너무나 깨끗해서 맨발로 다녀도 될 정도이며, 조리도구와 식기도 갖춰져 있어 가볍게 요리를 해 먹기에도 좋다. 카카오톡으로 필요한 걸 요청하면 빠르고 친절하게 응대해주며 말 한마디에도 정성이 느껴져 더 편안한 시간을 보낼 수 있다. 야시장, 고 달랏까지 도보로 이동 가능하며, 밤에 소음이 적어 조용한 휴식을 취하기도 좋다. 숙소 바로 옆에 유명한 반미가게가 있어 한 번쯤 방문할 만하다. 주의할 점은 엘리베이터가 없어 2층 객실의 경우 계단을 오르락 내리락해야 하며, 도로와 가까이 위치한 객실은 차량 소음이 들릴 수 있다.

- 07A-07B Trần Phú, Phường 3, Đà Lạt ☎ +842633791999
- 1,177,000~5,354,000VND (63,600~289,000 KRW) 🌐 lafleurdalat.com

젠 밸리 달랏 리조트 Zen Valley Dalat Resort

도시의 소음에서 벗어나 달랏에서 만큼은 평온한 휴식을 해보자. 달랏 중심에서 살짝 떨어져 있지만, 차량으로 10분 이내에 모든 곳을 방문할 수 있어 크게 문제가 되지 않는다. 아침이면 새소리가 귓가를 맴돌고, 밤에는 온수풀이 제공되어 추운 날씨에도 수영을 즐길 수 있다. 객실은 넓고 깨끗하며, 호텔 직원들은 친절함 그 자체다. 호텔 객실뿐만 아니라 방갈로 객실도 있으며, 조식과 룸서비스의 음식의 수준이 감히 달랏에서 가장 높다 말할 정도인데, 가격은 저렴하여 더욱 만족스러움을 선물한다.

38 Khe Sanh, Phường 1, Đà Lạt +842633577277
1,517,000-1,944,000VND(82,000-105,000KRW) fb.me/zenvalleydalat

더 매너 빌라스 달랏 The Manor Villas Da Lat

프랑스 식민지 시절의 우아한 건축양식을 지닌 3성급 호텔로, 달랏 도시풍경과 구름 사이에서 멋들어진 풍경이 아름다운 숙소다. 객실이 넓고 청결하며, 푹신한 침대를 갖추고 있다. 달랏 시내 중심부에서 5km 정도 떨어진 높은 지대 위의 리조트 밀집 지역에 있어 조용하고 아름다운 뷰를 자랑한다. 친절한 호텔 직원들이 늘 미소로 반겨주며, 매일 변경되는 조식메뉴의 쌀국수들이 모두 맛이 좋았을 만큼 음식에도 신경 쓰는 모습을 보인다. 특히 욕조가 있는 디럭스룸에서의 목욕은 여행 후 피로를 풀어주며 프랑스 귀족이 된 듯한 느낌을 준다. 전반적으로 여러 면에서 크게 불만을 가질 일이 없는 안정적인 숙소다.

6B Đống Đa, Phường 3, Đà Lạt +842633872872 493,000-892,000VND (26,600-48,000KRW) @themanor.villasdalat fb.me/TheManorVillasDaLat

달랏 팰리스 헤리티지 호텔 Khách sạn Dalat Palace

20세기 초에 지어진 고풍스러운 유럽 왕실 분위기를 그대로 리모델링하여 달랏의 식민지 시절부터 현대까지 고스란히 역사를 품고 있는 건물이다. 쑤언 흐엉 호수의 경치와 잘 정돈된 정원을 한눈에 볼 수 있으며, 이곳 자체가 하나의 달랏 명소로 자리잡았다. 시내의 가장 중심가에 위치해 있어, 접근성은 달랏에서 가장 좋은 편에 속한다. 격조 있는 복장의 직원들의 서비스와 넓고 고급스러운 프랑스풍 객실은 마치 근현대사 말기 공주님, 왕자님이 되어보는 상상을 더하게 한다. 조식 공간의 분위기 또한 고급스럽지만 맛이 아쉽다는 평이 많으나 크게 나쁘지 않은 편이다.

- 2 Trần Phú, Phường 3, Đà Lạt   +842633825444
- 2,148,000-6,150,000VND (116,000-332,100KRW)   dalatpalacehotel.com

골프 밸리 호텔 Golf Valley Hotel

달랏 도심과 근접성과 객실 컨디션이 좋은 곳이다. 야시장과 주요 관광지까지 도보로 이동이 가능하며, 호텔 인근에 한식당과 한국 대형마트, 마사지샵 등 편의시설이 잘 갖춰져 있다. 조식은 베트남 현지식과 유럽식 요리가 균형 있게 제공되며, 특히 신선한 빵과 깔끔하고 정갈한 조식공간이 인상적이다. 객실은 바디필로우가 제공되어 투숙객의 숙면을 섬세하게 신경 쓴다는 느낌을 받았고, 어메니티와 온수도 충분하며, 청결한 객실 덕에 벌레 걱정 없이 쾌적하게 묵을 수 있다는 점이 가장 큰 장점이다. 로비를 지나 객실로 향하는 순간까지 미소를 잃지 않는 직원들의 세심한 배려가 기억에 남는 곳.

- 94 Bùi Thị Xuân, Phường 2, Đà Lạt   +842633697666
- 1,584,000-3,150,000VND (85,500-170,000KRW)   golfvalleyhotel.com/ko

머큐어 리조트 Mercure Dalat Resort

우리나라 사람들이 많이 방문하는 4성급 리조트. 유럽풍 감성이 물씬 풍기는 이곳은 마치 정원 속에 자리 잡은 작은 마을처럼 아늑하고 고즈넉한 분위기를 자랑한다. 정원을 가득 메운 장미와 다양한 꽃들이 호텔 곳곳을 수놓아, 걸어 다니기만 해도 기분이 좋아진다. 객실 역시 세련된 빈티지 스타일로 꾸며져 있어, 머무르는 내내 포근한 분위기를 느낄 수 있다. 조식뷔페에서는 특히 달랏의 신선한 재료로 만든 쌀국수와 빵이 인기가 많다. 무엇보다 스파클링 와인이 제공된다는 점은 여행객들에게 특별한 아침을 선사한다. 달랏 중심 야시장과는 다소 거리가 있지만, 교통편이 다양하여 접근성이 나쁘지 않으며 그만큼 조용하고 한적하다.

3 Nguyễn Du, Phường 9, Đà Lạt +842633810826
2,498,000-4,659,000VND (135,000-252,000KRW)

크레이지 하우스 Crazy House

평범한 숙소가 지겹다면 이곳에서 하루쯤 묵어보는 것도 독특한 경험이 될 것이다. 특히 엉뚱하고 호기심 많은 자녀가 있다면 더욱이 추천하는 크레이지 하우스는 관광지일 뿐만 아니라 숙박 서비스도 제공하고 있다. 여러 개의 테마가 있는 객실들이 저마다 특별한 테마와 장식을 가져 마치 누군가의 엉뚱한 꿈속을 탐험하고 있는 기분이 든다. 이곳에서의 하루는 어떤 꿈을 꿀지 궁금해진다. 허나 관광지로 쓰이는 만큼 방문객이 드나들어 소음 등으로 평화롭고 프라이빗한 휴식을 취하기 어려우며, 구조가 불편하다는 큰 단점이 있으니 예약하기 전 이 점을 명심하는 것이 좋다. 하지만 색다른 경험을 환영하는 모험가에겐 더할 나위 없이 마음에 드는 곳이다.

03 Huỳnh Thúc Kháng, Phường 4, Đà Lạt +842633822070 571,000-2,500,000VND (30,800-135,000KRW) crazyhouse.vn fb.me/CrazyHouseDalatVietnam

아레아레 홈스테이 À Lê À Lê Homestay

달랏에 방문하는 현지 여행객들은 리조트나 호텔 대신 따뜻하고 정감가는 달랏의 도시 분위기와 어울리는 '홈스테이'에 묵는다. 그중, 현지 로컬가족이 운영하는 아레아레 홈스테이는 현지 젊은이들 사이에서 인기있는 숙소다. 친절한 주인 가족들과 귀여운 고양이는 우리를 단순한 투숙객이 아닌 집에 초대받은 손님인 것처럼 반갑게 맞이해준다. 방마다 필요한 물품이 세심하게 구비되어 있고, 공용공간은 따뜻한 분위기의 조명과 아기자기한 소품들로 채워져 있다. 발코니에서 아침햇살을 맞이할 수 있으며, 시내까지 도보로 이동할 수 있어 근접성도 좋다.

- 37/10/15 Hoàng Diệu, Phường 5, Đà Lạt +84383374750
- 300,000-900,000VND (16,200-48,600KRW) @alealedalat

펠리즈 달랏 홈스테이 Feliz Dalat Homestay

골목 사이사이에 위치해, 발코니에 앉아 멍하니 햇살을 쬐고 있으면 진정한 달랏 여행이 실감난다. 숙소가 아니라 내 집으로 삼고 싶을 만큼 아늑한 곳. 카카오톡을 통해 친절한 주인아저씨께서 불편한 사항이 없는지 묻고 인근 식당과 카페정보, 관광지도 등을 제공해주는 등 친절한 서비스가 있다. 가격에 비해 시설이 깔끔하고 취사가 가능한 장점이 있다. 오토바이 렌트, 에어컨, 히터 등 필요한 시설이 잘 갖춰져 있고, 밤에는 셔터가 닫혀 안전성까지 보장된다. 다만, 골목길에 약간의 오르막길 때문에 차량 등을 이용하는 것이 편리하다.

- 54/13, Phan Đình Phùng, Phường 1, Đà Lạt +84858033549
- 600,000-205,000VND (32,400-110,700KRW) felizdalathomestay.com
- fb.me/HomestayDalatFeliz

림딤 홈스테이 Limdim homestay

골목 입구의 아기자기한 간판과 정원이 달랏 여행을 더욱 특별하게 만들어 준다. 빈티지하고 코지한 인테리어와 어울리는 은은한 조명과 라탄소품들이 마음을 평온하게 해 준다. 수건, 일회용 세면도구, 드라이기, 다리미까지 갖춰 웬만한 호텔 부럽지가 않다. 테라스와 마당으로 나가 맥주나 커피를 한잔하며 귀여운 강아지를 만지고 있으면 시간이 금방 흘러간다. 카드결제나 부킹사이트를 통한 예약이 불가능하기 때문에 메신저나 이메일로 예약해야 하는 불편함이 있다. 그만큼 한국인 관광객이 적은 현지인 맞춤형 숙소라는 점이 더욱 더 매력적이게 느껴진다. 숙소 주변 동네도 아기자기하고, 꽃이 많아 꽃구경하기에도 좋은 곳.

- Hẻm 3bis Cô Giang, Phường 9, Đà Lạt
- +84775256411
- limdimhomestay@gmail.com
- 550,000-1,000,000VND (29,700-54,000KRW)
- @limdim.homestay

Chapter 10
산 너머, 달랏의 고요함 속으로

✈ 달랏 근교 여행

코끼리 폭포 Thác Voi (Elephant Falls)

달랏 3대 폭포 중 하나이며, 달랏 시내에서 남서쪽으로 차로 한 시간 정도 거리에 자리한 가장 원시적이고 자연적인 형태를 간직하고 있는 폭포다. 폭포에서 떨어지는 웅장한 물줄기의 소리가 마치 숲에서 우는 코끼리 떼의 소리와 닮았다 하여 붙은 이름. 기복이 넘치는 지형을 넘어 폭포에 닿으면 아름답고 오염되지 않은 자연환경이 우리를 반겨 준다.

📍 Nam Ban, Lâm Hà, Lâm Đồng   💵 15,000-30,000VND (800-1,600KRW)   🕐 8:00-17:00

링언사 chùa Linh Ẩn (Linh An Pagoda)

코끼리 폭포 근처에 위치한 죽림 사원 다음으로 달랏에서 가장 큰 사원. 해발 3,000m에 위치해 있어 산세가 좋기로 유명한 곳이며, 마치 코끼리 폭포를 바라보고 있는 것만 같은 거대한 관세음 보살상이 인상적이다. 이는 베트남의 야외 관음보살상 중 가장 높은 곳에 위치한 불상이며, 500개의 불상이 나란히 줄지어져 있는 내관 또한 흥미로운 볼거리다.

📍 Ba Đình, Nam Ban, Lâm Hà, Lâm Đồng   💵 입장료 무료   🕐 시간 24시간 개방

풍구어 폭포 Thác Pongour (Pongour Falls)

달랏에 왔으면 한 번쯤은 꼭 가 봐야 할 풍구어 폭포는 지금껏 설명했던 그 어느 폭포보다도 가장 거대한 규모를 자랑한다. 폭포까지 이동하는 전기카트가 있어 어린 아이나 어르신과 함께 방문하기에도 좋은 곳. 웅장한 폭포수 앞 시원한 나무 그늘에서 간식을 맛보며 휴식을 취하면 여행 전까지 일상의 고민을 한방에 날려버리는 듯하다.

📍 Thôn Tân Nghĩa, Đức Trọng, Lâm Đồng   💰 40,000VND (2,200KRW)   🕐 7:30-17:00

✈ 달랏 기념품 & 네일 및 스파

고 달랏 GO! Da Lat

흔히들 베트남의 다른 도시들을 여행 중이라면 단연코 롯데마트에서 커피나 차, 과자 등을 구매하고는 한다. 하지만 달랏에는 롯데마트가 없다. 대신 유일한 대형마트인 '고 달랏'이 그 자리를 대신하고 있다. 쑤언 흐엉 호수 광장의 1층에는 마트로 통하는 출입구가 있어 여행 중 잠깐 들리기에도 안성맞춤이다. 마트에는 각종 베트남의 대표적인 먹거리 기념품들뿐만 아니라 달랏에서 유명한 달랏 와인, 딸기잼 등도 판매하고 있으니 한 번쯤 둘러보는 것이 좋다. (쇼핑리스트 참고 p.111)

📍 Lam Vien Square, Đ. Trần Quốc Toản, Phường 10, Đà Lạt 📞 +842633545088
🏢 입장료 무료 *물건 구매 시 카드 결제 가능 🌐 go-vietnam.vn 🕐 7:30-22:00

랑팜 Lang Farm

아마 달랏을 여행 중이라면 한 번쯤은 지나칠 만큼 달랏 시내 곳곳에 자리한 로컬 브랜드 랑팜. 1995년부터 달랏의 특산물을 판매하는 기념품샵으로써, 달랏 지역의 명물인 아티초크차부터 딸기잼, 말린 과일, 과자, 견과, 술 등을 판매하고 있으며 고 달랏 마트 한 켠에도 매장이 입점해 있다. 깔끔하고 예쁜 포장의 패키지가 눈을 사로잡아 선물용으로 안성맞춤이다. 일부 매장은 2층에 시식뷔페를 운영하고 있으니, 다양한 맛의 랑팜 제품들을 맛볼 수 있는 기회도 놓치지 않는 것이 좋다.

📍 6 Đường Nguyễn Thị Minh Khai, Phường 1, Đà Lạt 📞 +842633510520
🏢 입장료 무료 *물건 구매 시 카드 결제 가능 🌐 langfarm.com 🕐 7:30-22:30

오트 케어 스파 Ớt Care Spa

크레이지 하우스 근처에 위치해 다양한 종류의 전신마사지를 체험할 수 있어 우리나라 관광객들에게 유명한 마사지 스파. 어두운 원목 인테리어로 꾸며져 있어 차분하고 고급스러운 분위기에서 마사지를 받을 수 있다. 화장실과 샤워실 모두 청결하게 잘 관리되어 있으며, 프라이버시를 보장받을 수 있어 지인들과 함께 방문하기에도 좋은 곳. 카카오페이, 네이버페이 등으로도 결제할 수 있을 만큼 한국인 고객에게 친화적인 서비스를 제공하고 있다.

📍 Hẻm 25 Đ. Trần Phú, Phường 4, Đà Lạt 📞 +842633833893 📘 fb.me/otcaredalat/
💬 Ot care spa 🕘 9:30-21:30

문스파 달랏 Moon Spa Dalat

한국인 사장님께서 운영하는 마사지샵으로, 원활한 의사소통과 세심한 배려가 돋보이는 곳이다. 마사지뿐만 아니라 스킨케어, 귀 청소, 샴푸, 짐 보관 등의 다양한 서비스를 제공하고 있어 우리나라 방문객들에게 높은 만족도를 자랑하는 곳이다. 늦은 시간까지 영업하기 때문에 새벽시간대에 공항에 출도착하는 여행객들이 자주 찾는다. 깔끔하고 세련된 화이트톤 인테리어로 로컬스파와는 차별화된 고급스러운 분위기이며, 철저한 교육을 받은 직원들이 단정한 유니폼을 입고 있어 더욱 체계적인 느낌을 준다. 여러 할인혜택이나 제휴혜택이 있으니 예약 전 문의해 보는 것도 잊지 말자.

📍 54 Nguyễn Thị Nghĩa, Phường 2, Đà Lạt 📞 +84983809044
🌐 cafe.naver.com/moonspa777 💬 문스파 달랏 🕘 10:30-23:00

블링뷰티 Bling Beauty

달랏 야시장 근처에 위치해 있으며, 우리나라 평균 금액의 3분의 1정도밖에 되지 않는 저렴한 가격에도 불구하고 깔끔한 로컬분위기와 가성비를 모두 갖춰 많은 한국인 여행객들이 찾는 곳이다. 인스타그램을 통해 예약이 가능하며 파스텔톤의 민트색 간판이 들어가기도 전부터 귀엽고 통통 튀는 느낌을 준다. 한국식 스타일의 네일뿐만 아니라 헤어나 속눈썹 등 여러 뷰티케어 서비스를 제공하고 있다. 친절하고 꼼꼼한 직원들이 한국어 메뉴판을 제공해주어 원하는 스타일로 선택이 가능하며, 영어로도 소통이 가능하다.

📍 126 Tô Ngọc Vân, Phường 1, Đà Lạt 📞 +84822891893 💬 bling_beauty.room
🕐 8:45-19:30

흥지앙 스파 Hương Giang Spa

시내에서 조금 떨어져 있지만 픽업서비스를 제공하는 덕분에 많은 사람들이 일부러 찾아가는 곳. 고급스러운 현지 분위기와 넓고 깔끔한 인테리어, 체계적인 프로그램으로 편안하게 방문이 가능하다. 마사지 후에는 따뜻한 차와 달랏의 특산물인 생강으로 만든 간식이 제공된다.

📍 93 Đường Trần Khánh Dư, Phường 8, Đà Lạt 📞 +84795446868 💬 huongiangspa
🕐 9:00-22:00

✈ 더 쉬운 여행을 만드는 달랏 핵심 정보

리엔 크엉 국제 공항

리엔 크엉(Lien Khuong) 공항은 작은 규모이지만 친절하고 깔끔한 일처리 능력으로 많은 세계 여행객들의 칭찬이 일색인 국제 공항이다. 달랏을 닮아 아담한 규모답게 꼭 필요한 시설만 제공하고 있어, 면세점 쇼핑이나 기념품 가게가 극히 적은 편이니 간단히 식사와 커피 등을 찾는 것이 좋다.

공항에서 달랏 시내로 나갈 땐 공항버스와 택시를 이용하는 방법이 보편적이다. 공항버스 요금은 인당 50,000VND(2,700KRW)으로 매우 저렴하나, 시간표가 제각각이라 보통 택시를 이용하는 사람들이 많다. 타이밍이 좋아 공항버스를 발견한 경우, 택시보단 공항버스를 이용하자. 택시로 시내까진 대략 20-30만동 정도의 금액으로 도착 가능하다. 40분 정도 시내로 향하는 동안 달랏에 첫 발을 내딛는 설렘과 함께 이국적인 숲, 그리고 나무의 전경 덕에 시내로 들어가는 길이 지루하지 않다.

📍 QL20, Liên Nghĩa, Đức Trọng, Lâm Đồng   📞 +842633843373   🌐 vietnamairport.vn

라도 택시 Lado Taxi

베트남에는 그랩 택시만 있는 것은 아니다. 달랏의 라도 택시는 여행객들도 편리하게 이용할 수 있도록 서비스가 잘 되어 있다. 특히, 한국인 여행객들의 니즈에 맞춰 카카오톡을 통해 영문으로 예약을 진행할 수 있다. 공항 샌딩과 픽업, 구름 사냥(Cloud Hunting)투어 등의 여러 서비스를 다른 회사들에 비해 저렴하고 투명한 금액으로 제공하여 많은 이들이 활용하고 있다.

💬 LadoTaxi   📞 +840915500095   🌐 pf.kakao.com/_pvsIG   🕕 6:00-22:00

달랏 환전소

달랏의 공항에 위치한 환전소들은 시내에 위치한 환전소보다 환율이 좋지 않기 때문에, 시내로 향하는 교통비 정도의 소액만 환전한 후, 여행 경비는 시내에 위치한 금은방에서 환전을 하는 것이 가장 손해가 적은 방법이다. 달랏에서 가장 많은 이들이 방문하는 곳은 시내 중심에 위치한 '김호아' 금은방이다. 지폐에 흠집이 있다면 환율이 깎일 수 있으니 되도록 깨끗한 지폐를 준비해야 하며, 나트랑 여행을 먼저 계획한 경우, 나트랑의 환전소에서 미리 환전해 오는 것이 이득이다.

〈김호아 금은방 Kim Hoa Luan Gold Shop〉
주소 25 Khu Hoà Bình, Phường 1, Đà Lạt (달랏 시장에서 도보 5분)
시간 7:00-19:00

달랏에서의 ATM 출금

트래블월렛, 트래블로그 등과 같은 환전 앱의 카드나 해외 출금이 가능한 카드를 통해 출금할 경우, 각 카드사에 따라 수수료가 다르게 발생하니 적절한 ATM기기의 주소를 미리 알아두는 것도 환전 수수료를 아끼는 현명한 방법이다. (카드사별 수수료 무료 베트남 은행 정보 p.119 참고)

〈VP BANK ĐÀ LẠT〉
주소 37 Phan Bội Châu, Phường 1, Đà Lạt (김호아 환전소에서 도보 1분)

〈달랏 야시장 ATM 존〉
주소 2 Đường Lê Đại Hành, Phường 1, Đà Lạt (야시장에서 도보 2분)

〈BIDV BANK〉
주소 QL20, Liên Nghĩa, Đức Trọng (리엔크엉 공항 2층)

〈Sacombank - PGD Đà Lạt〉
주소 32 Khu Hoà Bình, Phường 1, Đà Lạt (달랏 시장에서 도보 3분)

마음을 설레게 하는
여행 준비

Chapter 11
베트남은 어떤 나라일까

국가명: 베트남 사회주의 공화국 (Cộng hòa Xã hội chủ nghĩa Việt Nam)
인구: 1억 30만 9,209명 (세계 15위) (2024 베트남 통계청 GSO 기준)
GDP: 4,333억 달러 (세계 35위, 동남아시아 5위) (2023 The World Banh, IMF 기준)
면적: 3,313만 4천ha (세계 66위) (2022 국토교통부, FAO 기준)

베트남의 면적은 남한의 약 3.3배이며, 국토는 해안을 따라 S자 모양으로 길게 뻗어 있어 지역별 기후, 문화, 음식, 옷차림 등이 각기 다르고, 도시와 시골의 격차도 큰 편이다.

시차: 한국보다 2시간 느림 (GMT+7)
베트남은 시차 외에도 전체적인 생활패턴이 우리나라보다 약 2시간 정도 이른 편이다. 카페와 식당은 보통 오전 6시나 7시에 열고, 새벽시장은 4시부터 시작된다. 기업들은 오전 7, 8시에 출근해 오후 5시에 퇴근하니, 여행계획을 세울 땐 이를 참고하여 교통혼잡을 피하는 것이 좋다.

화폐단위: 동(VND, Việt Nam Đồng)
전압: 220V (따로 어댑터를 준비할 필요 없다.)
무비자 체류기간: 대한민국 국적자는 45일 무비자 체류 가능
공용어: 베트남어 (tiếng Việt)

베트남은 54개 민족으로 구성된 다민족 국가로, 베트남의 공용어는 이 중 전체 인구의 약 87%로 주류를 차지하는 낀족(京族:Kinh)이 사용하는 언어다. 6성조가 있어 발음이 다소 어렵지만, 문법이 단순하여 배우기 쉬운 편에 속한다. 남부, 북부의 발음에 차이가 존재한다.

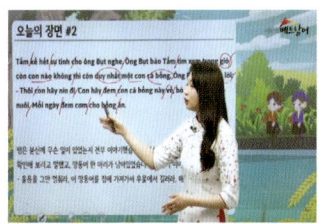

✈ 한국과 베트남, 우린 어떤 사이일까?

한국과 베트남은 1992년 공식적으로 수교를 맺고, 현재까지 한국은 베트남의 3대 투자국이자 제1위 교역국으로써 매우 우호적인 관계. 처음 내가 유학을 갔던 2010년 이전만 해도 가장 자주 듣던 말이 "베트남과 필리핀이 헷갈린다."였을 정도로 극히 적은 정보와 이렇다 할 교류가 없었으나, 현재는 우리나라 전국 곳곳 거리마다 베트남식당과 마트에 적힌 베트남어를 쉽게 찾아볼 수 있다. 다낭과 같은 주요 관광지엔 한국말이 자주 들려올 만큼 양국이 서로 가까워졌음을 피부로 느낀다.

역사적으로 본다면, 한국과 베트남은 모두 외세의 침략과 식민 지배를 경험한 공통점을 가지고 있을뿐더러 남북으로 분단된 역사의 아픔 또한 쌍둥이처럼 같다. 이러한 기억들로 인해 두 나라 모두 독립과 자주성을 중요히 여기는 국민성을 가지고 있으며, 한국전쟁 당시 베트남의 일부 인력이 한국에 파견되기도 했고, 두 나라 사이의 인적교류가 이루어졌다.

경제적인 시각에선 양국의 협력이 눈에 띄게 확대되고 있다. 한국은 베트남의 주요 투자국 중 하나로 삼성, LG 등 대기업들이 현지에 공장을 설립하고 베트남 GDP에 크게 기여하고 있다. 베트남은 한국의 3대 교역파트너 중 하나로 전자제품, 의류, 농산물 등의 분야에서 활발히 교역하고 있어 앞으로 두 국가의 경제적인 우호관계는 더욱 짙어질 전망이다.

또한, 가장 눈에 띄는 교류는 아무래도 문화적 교류가 아닐까 싶다. 호치민 광장, 하노이의 호수공원에 방문하면 늘 K-POP에 맞춰 춤을 추는 젊은이들을 볼 수 있으며, 각 가정의 TV엔 한국 드라마와 영화가 방영되고 있다. 우리나라 연예뉴스 소식이 베트남뉴스 1면을 차지하기도 하며, 현지화된 떡볶이(Tteokbokki), 김밥(Kimbob)을 판매하는 식당들도 심심치 않게 발견할 수 있다.

이 외에도 교육, 관광, 노동력, 결혼 등의 다양한 분야에서 서로 긴밀히 협력하고 있어 양국 간의 관광객, 유학생, 이민자 수는 꾸준히 늘어날 전망이다. 이번 나트랑, 달랏 여행에서 더 가까워질 베트남에 다양한 시선으로 그들의 문화를 배우고 알아가는 기회를 만들어 보자.

✈ 한눈에 보는 베트남 음식+음료+기념품

1. **반미 bánh mì** : 프랑스 식민지 시대 영향을 받은 베트남식 바게트 샌드위치로, 바삭한 빵 안에 고기, 야채, 고수, 소스 등이 들어간다.

2. **쌀국수 phở**: 고기육수에 면과 야채를 넣어 먹는 베트남 대표 국수요리. 소고기와 닭고기 쌀국수가 대표적이다.

3. **반쎄오 bánh xèo**: 쌀가루 반죽에 해산물, 고기, 숙주 등을 넣어 만든 베트남식 부침개로, 상추에 싸서 먹는다.

4. **고이꾸온 gỏi cuốn**: 신선한 야채, 고기, 새우 등을 라이스페이퍼에 싸먹는 베트남식 스프링 롤.

5. **짜요 chả giò**: '짜조'라고도 불리는 베트남식 만두튀김. 중국의 춘권과 비슷하다.

6. **넴 느엉 nem nướng**: 돼지고기를 곱게 다진 것을 마늘, 설탕, 피쉬소스, 향신료에 뭉쳐 꼬치에 꽂아 숯불에 구워 먹는 베트남식 소시지.

7. **반짱느엉 bánh tráng nướng**: '베트남 피자'라고 불리며 구운 쌀반죽 위에 치즈, 햄, 각종 야채 등을 올려 구워 먹는다.

8. **분카 bún cá**: '나트랑 분까 Bún cá Nha Trang'라 불릴 정도로 대표적인 나트랑의 생선 국수요리.

9. **분보 bún bò**: '소고기'라는 뜻의 '보(bò)'가 들어가며 매콤한 맛이 특징인 베트남 중부지역의 전통 쌀국수요리.

10. **분짜 bún chả**: 쌀국수, 숯불고기, 채소를 피쉬소스에 적셔 먹는 베트남 북부의 대표요리.

11. **까페스어 cà phê sữa**: 진한 로부스타 원두 커피와 연유의 조화로 깊고 달콤한 맛이 나는 베트남식 연유 커피.

12. **짜다 trà đá**: 식사 중 가장 흔히 제공되는 녹차의 형태이며, 대부분의 식당에서 무료로 제공된다.

13. **늑미아 nước mía**: 더운 날씨에 갈증 해소에 좋은 달콤한 사탕수수 주스.

14. **신또 sinh tố**: 신선한 과일과 얼음을 갈아 만든 스무디. 망고 신또, 파파야 신또, 코코넛 신또 등 다양한 열대과일로 만들어진다.

15. **짜스어 trà sữa**: 버블티 혹은 밀크티로 잘 알려져 있으며 현지 젊은이들 사이에서 인기 음료.

16. **늑유어 nước dừa**: '늑즈어'라고도 부르며, 코코넛 윗부분을 직접 열어 빨대를 꽂아먹는 자연 그대로의 코코넛 음료.

17. **째 chè**: 팥, 타로, 옥수수, 젤리, 과일 등이 들어간 단맛이 나는 음료이자 디저트.

18. **르우깐 rượu cần**: 베트남 소수민족 문화에서 유래된 전통 발효주.

19. **박씨우 bạc xỉu:** 커피 양이 연유에 비해 상대적으로 적은 베트남식 연유 커피.

20. **비아 bia:** 베트남어로 맥주는 '비아'. 베트남회사뿐만 아니라 싱가폴, 네덜란드 등의 맥주가 있으며 보통 미지근한 온도의 맥주가 얼음과 함께 제공된다.

21. **캐슈넛 hạt điều:** 베트남은 세계에서 가장 큰 캐슈넛 생산지 중 하나로, 현지의 캐슈넛은 저렴하고 고소하다.

22. **해바라기씨 Hạt Hướng Dương:** 껍질을 벗기는 재미가 있는 베트남 국민간식.

23. **망고 푸딩 젤리 Thạch pudding xoài:** 맛과 향이 생과일처럼 자연스럽고 과하게 달지 않으며, 식감이 매우 부드럽다.

24. **꼰삭커피 cà phê con sắc:** 헤이즐넛향의 진한 커피 맛과 향을 즐길 수 있다.

25. **티백차 trà:** 인기있는 차 브랜드인 코지(Cozy)의 상큼하고 향긋한 맛의 티백차로 종류가 다양하며, 시원하거나 따듯하게 마실 수 있다.

26. **칠리소스 tương ớt:** 베트남 현지 식당에서 흔히 볼 수 있는 호불호 없는 소스.

27. **쌀국수 컵라면 phở:** '하오하오', '비폰' 등이 대표적이며 소고기 쌀국수가 가장 무난하다.

28. **치즈 과자 bánh quy phô mai**: 베트남의 치즈과자는 고소하고 치즈맛이 강해 중독성이 크다.

29. **말린 과일 trái cây sấy khô**: 건조한 과일은 인기 있는 기념품 중 하나이며, 최근엔 건강을 위해 무설탕 제품을 많이 찾는다.

30. **노니 제품 sản phẩm từ nhàu**: 항산화작용으로 몸 속 염증을 완화시켜주는 노니는 부모님 선물로 인기다.

31. **새우 소금 muối tôm**: 새우와 소금, 고추가 어우러져 감칠맛이 좋다. 요리재료로 사용해도 좋고, 삶은 달걀 등을 찍어 먹어도 좋다.

32. **모기기피제 kem chống muỗi**: 허브 성분으로 제작되어 향이 좋고 효과도 탁월하다.

33. **발포 비타민 viên sủi c**: 한국의 절반 가격이며 베로카(berocca)와 마이비타(myvita)가 유명하다.

34. **아티소 앰플 cao nước Atiso**: 간 해독에 탁월한 효과를 보이는 숙취해소제. 콜레스테롤, 혈당, 혈압수치 조절에도 좋다.

35. **농라 nón lá**: 아오자이와 함께 베트남 여인들의 상징인 야자나무잎 모자. 비가 오는 날은 우산, 햇빛이 심한 날은 양산이 되며, 더울 땐 부채로도 쓰인다.

36. **라탄백 túi cói**: 베트남 수공예 상품 중 가장 유명한 라탄백은 친환경적이며 멋스러운 패션 아이템이다.

37. **아오자이 áo dài:** 베트남 전통의상으로 우아하고 세련된 디자인이 특징이다.

38. **프로파간다 포스터 tranh cổ động:** 베트남전쟁 시기의 독특한 예술적 디자인이 담긴 포스터로, 인테리어에 좋으며 문화와 역사를 느낄 수 있다.

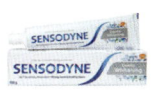
39. **치약 kem đánh răng:** 한국의 치약보다 저렴하게 판매되고 있는 베트남 치약은 양치 후 이물감도 없을 뿐만 아니라 개운하기까지 하다.

40. **잠옷바지 quần ngủ:** 찰랑찰랑 부드러운 원단이 편안한 수면을 돕는다. 여러 개를 한 번에 구매하면 흥정이 쉬우니 귀국선물용으로도 좋다.

✈ 환전, 베트남 동을 이해하는 첫걸음

100VND = 5.54원 (2024년 11월 기준)

베트남 동을 쉽게 원화로 계산하는 방법은 베트남 동을 20으로 나누거나, 동 액수에서 '0'을 하나 뺀 후, '2'로 나누는 것이다. 예를 들어 10,000동(VND)/20 = 500원(KRW)인 셈이다.

베트남의 모든 지폐에 새겨진 인물은 바로 베트남 통일영웅 '호치민 주석'이다. 지폐뿐만 아니라 관광지나 거리의 동상 등 우리는 앞으로 여행 중 그를 자주 만나게 될 예정이다.

베트남 지폐는 폴리머로 만들어져 쉽게 훼손되진 않지만, 찢어지거나 훼손된 경우 상인들이 돈을 받지 않는 경우가 있으니 관리에 주의하자. 베트남 화폐는 단위가 큰 편이라 뒤의 '0' 세 개를 떼어내고 'K'로 표기하는 경우도 흔하다. 예를 들어 '32,000동'의 경우 '32K'로 표기한다.

환전하기

베트남에선 백화점, 대형마트나 앱 결제 등 대부분 카드결제가 가능하나, 현지 로컬 식당이나 마사지, 팁 등 현금이 꼭 필요한 곳이 있으니 꼭 현지 통화의 현금을 구비하는 것이 좋다.

현명하고 똑 부러진 여행경비 환전을 원하는 이들은 주목하자. 한국 돈을 바로 베트남 동으로 환전하는 것보다 국내에서 원화를 미국 달러로 환전한 뒤, 현지에서 베트남 동으로 이중환전을 하면 수수료를 절약할 수 있다. 주로 환전소나 공항보다는 금은방에서 환전을 하는 것이 환율에 보다 유리하며, 깨끗하고 큰 단위의 지폐를 준비할수록 우대를 받을 가능성이 높아진다. 같은 금액이라도 50달러 2장보다 100달러 1장을 준비했을 때 더 우대를 받을 확률이 높다. (금은방 및 환전소 위치 안내 나트랑 p.116, 달랏 p.186 참고)

현재 이용하는 은행의 환전 우대 서비스나 환전 앱을 활용하여 현지 ATM기기를 통해 현금을 인출하는 것도 간편하고 똑똑한 여행경비를 마련하는 방법 중 하나다. 이때 모든 ATM기기에서 외화를 수수료 없이 출금할 수 있는 것은 아니니, 본인의 카드와 현지에 상용되는 ATM기기와 수수료에 대한 정보를 미리 알아두면 1분 1초가 아까운 여행 기간 중 환전하느라 드는 시간을 절약할 수 있다. (관광지 근처 ATM 위치 안내 나트랑 p.119, 달랏 p.188 참고)

✈ 현지 교통수단 이야기

1. 택시

자유여행 중인 해외관광객들이 많이 이용하는 교통수단이다. 일주일 이하의 짧은 여행을 한다면 단연코 다른 교통수단보다 택시를 이용하는 것이 가장 편리하고 효율적이며 안전하다. Grab, Lado 등 택시 어플을 이용하면 베트남어를 몰라도, 해외여행이 처음인 초보여행자도 쉽게 택시를 호출할 수 있다.

2. 씨클로 (Xích lô)

현재 씨클로는 다른 대중교통들에게 밀려나 교통수단의 입지가 퇴색되고 있는 상태다. 여행자들에게 잠깐 타보는 경험으로 그치는 씨클로는 과거 도로를 점령하던 주요 교통수단의 자리를 내어주고, 현재는 도로의 교통체증을 일으키는 애물단지로 전락하고 말았다.

3. 오토바이 택시, 쎄옴 (Xe ôm)

혼자 여행하는 이에게 안성맞춤인 오토바이 택시, 쎄옴(Xe ôm). 이는 비교적 저렴한 비용으로 빠르게 이동할 수 있을 뿐만 아니라, 택시나 차량으로는 접근하기 어려운 좁은 골목길을 구석구석 누비며 진정한 현지인의 삶을 가까이에서 엿볼 수 있다. 때로는 인터넷 정보에는 찾아볼 수 없는 예상치 못한 숨겨진 맛집을 발견하는 등 뜻밖의 행운도 따른다.

4. 버스

베트남 버스는 대부분 많이 낡아, 에어컨이 없거나 창문이 제대로 여닫히지 않는 경우도 흔하다. 간혹 한국에서 들여온 버스를 만나기도 하는데 한국어가 그대로 남아 있어 반가울 때도 있다. 버스 안을 다니며 직접 요금을 받는 버스안내원이 있어 과거 우리나라 80년대 모습을 재현하는 느낌이다.

5. 슬리핑버스

도시 간 장거리를 이동할 때, 낡은 시내 버스의 불편함을 해결해 주는 교통수단이 바로 슬리핑버스 또는 침대버스다. 쾌적한 에어컨 아래 편안히 누워 창문 옆으로 스쳐가는 베트남 외곽지역의 풍경을 구경하는 것이 제법 낭만적이다. 풍짱(Phương Trang), 신투어(SinhTourist) 여행사의 버스들이 대표적이며, 시스템이 잘 되어 있어 외국인도 예약하기 편리하다.

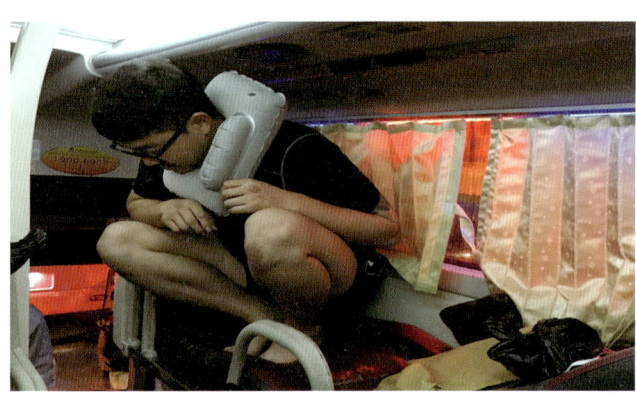

6. 리무진

부모님이나 연장자와 함께하거나 다음 날 일정상 좋은 컨디션을 유지해야 할 때 나는 리무진을 이용한다. 보통 9인승 정도의 소규모 인원으로 운행되며, 버스와 비교하여 훨씬 쾌적하며 넓고 현대적이다. 나트랑-달랏 구간은 칸퐁(Khanh Phong)과 민찌(Minh Tri)가 대표적이며, 호텔로 픽업을 요청할 수 있다.

7. 프라이빗카&렌터카

장거리, 단거리 구애받지 않고 편리함과 안전성을 모두 보장하는 교통수단이다. 4인 이상 규모의 여행자들이라면 대중교통보다 가격대는 있지만 더더욱 현명한 선택지가 될 수 있다. 현지 운전기사를 고용하며, 한국어나 영어가 가능한 운전수도 있다.

8. 오토바이 렌트

베트남에서 오토바이는 어디든 갈 수 있다. 도심 내에서의 이동뿐만 아니라 베트남 고속도로는 우리나라와 달리 오토바이 전용도로가 마련되어 있다. 특히 생각보다 관광지 간의 이동거리가 상당한 달랏에서 용이하다. 우리가 오토바이를 탈 줄 안다면 현지인들 틈에 섞여 가장 로컬스러운 베트남을 느낄 수 있는 이동수단이다.

✈ 나만의 안식처, 베트남 숙소 파헤치기

1. 게스트하우스

유독 여행에서 맺어진 인연은 오래도록 기억에 남는다. 게스트하우스는 세계 각국에서 온 여행자들과 함께 숙박하며 새로운 만남의 기회를 제공한다. 모두가 함께 어울려 지내는 도미토리룸뿐만 아니라 2인용 독실이나 여성전용 객실을 따로 제공하는 곳도 많아 1-2인 여행자들에게 적합한 선택지다. 한국을 벗어나 해외에서의 만남과 교류는 여행을 더욱 풍성하게 성장시켜준다.

2. 1-3성급 호텔

베트남의 저렴한 물가는 특히 '숙소에서 그 빛을 발한다. 베트남의 중저가 호텔은 낮은 가격임에도 기본적인 편의시설을 모두 갖춘 청결한 곳이 많다. 만 원 이하부터 고급호텔도 10만원이 채 안 되는 경우가 많으며, 심지어 2024년 3성급 호텔 숙박비가 가장 저렴한 여행지로 베트남 나트랑이 선정되었다. 사치스럽진 않아도 실용적이고 진짜 여행을 원하는 이들에게 편안한 쉼터와 추억을 제공한다.

3. 4-5성급 호텔

한 번쯤 영화 속 장면에 나올 법한 고급스러운 호텔에서 머물러 보는 일은 인생에 값진 경험이 될 수 있다. 특히 베트남에선 인터콘티넨탈, 롯데, 힐튼 등 국제적인 호텔 브랜드를 한국의 절반 가격으로 경험할 수 있다. 수영장, 마사지, 피트니스센터 같은 부대시설은 물론이고, 루프탑바와 레스토랑에서는 베트남요리뿐만 아니라 세계 각국의 호텔식 요리를 즐길 수 있다. 합리적인 가격으로 럭셔리한 귀족이 되어보는 순간을 자신에게 선물해 보자

4. 리조트

베트남의 리조트형 호텔은 자연과 어우러진 완벽한 힐링공간으로 구성되어 있다. 전용해변을 품은 리조트에선 잔잔한 파도 소리를 들으며 야자수 아래 앉아 독서를 하거나, 야외 바에서 여유롭고 조용한 한때를 보내며 진정한 휴식을 즐길 수 있다. 이런 리조트들은 허니문, 가족여행에 최적화되어 있다. 아이들을 위한 워터파크와 어른들을 위한 고급마사지까지 모두 갖추고 있어 리조트 안에서만 며칠을 보내도 부족함이 없다.

✈ 여행을 더욱 빛내 줄 날씨 정보 & 최적의 여행시기

베트남 날씨는 마치 하나의 거대한 테마파크처럼 구역마다 각기 다른 색채를 띠고 있다. 기본적으로 건기인 11월부터 4월, 우기인 5월-12월까지를 기준으로 두지만 전국적으로 거의 동일한 날씨 패턴을 가진 한국과 달리 크게 북부, 중부, 남부에 따라 자신의 고유한 기후를 품고 있다.

베트남의 수도 하노이가 속해 있는 북부지역은 우리나라처럼 사계절이 느껴지며 뜨거운 여름과 쌀쌀한 겨울이 공존한다. 반면 우리가 방문할 나트랑과 달랏이 속해 있는 중부와 남부지역의 경우, 작열하는 태양 아래 비가 자주 내렸다 멈추기를 반복하는 전형적인 동남아의 열대성 기후를 보여준다.

물론 열대기후 지역이어도 해발고도와 지형에 따라 큰 차이가 있다. 나트랑의 경우, 해변 도시라는 이름에 걸맞게 해양성 기후의 영향을 받아 일년 내내 비가 올 때를 제외하고 강하게 내리쬐는 해가 마치 '여름 휴양지'의 정석을 소리치는 듯하다.

달랏은 해발 고도 1,500m의 고산지대에 위치하고 있기에 연중 온화한 날씨를 보여 마치 우리나라의 봄-가을을 연상케 한다. 공항 밖을 나오면 살랑거리는 바람이 볼을 스치는, '영원한 봄의 도시'라는 별명마저 제법 어울리는 달랏. 여름철에 습도마저 낮아 여행하기 최적의 날씨를 가지고 있다.

Chapter 12
여행의 문을 여닫는 공항 출입국 안내

✈ 한국에서 베트남 공항으로

현재 우리나라 항공사가 중국, 일본, 미국을 거쳐 가장 많은 도시에 취항하는 국가가 바로 베트남이다. 현재 한국에서 베트남까지 직항편으로 방문할 수 있는 도시는 인천, 김해, 대구, 청주 등이며, 거의 국내 대부분의 민간인이 사용할 수 있는 국제공항이 베트남까지 취항을 하고 있다.

도착 도시마저 다양해 국내에서 출발해 하노이, 호치민, 하이퐁, 다낭, 나트랑, 푸꾸옥, 달랏 등 다양한 도착지가 있는데 이는 두 국가가 얼마나 왕래가 잦은지를 증명하는 셈이다. 각 출도착 도시마다의 거리에 따라 두 국가 간의 비행시간은 4-6시간 정도 걸리며, 대한항공, 아시아나, 비엣남에어라인, 비엣젯, 제주항공, 진에어, 티웨이 등의 항공사가 현재 양국을 오가고 있다.

각 항공사의 항공료와 운항스케줄은 언제든 변동될 수 있으니 예약 전 홈페이지나 여행사를 통해 꼭 확인하도록 하자.

비행기에서 내려 안내 표시를 따라가면 입국심사대가 나온다. 외국인 심사대인 'Foreigner'에 줄을 선 후, 기다렸다 여권(필요한 경우, 비자 증명서까지)을 제출하면 된다. 사회주의 공화국답게 입국 수속 절차가 꽤나 느린 편이니 인내심을 가지고 기다리는 것이 좋다.

입국심사를 마친 후, 짐을 찾는 컨베이어 벨트 번호와 자신이 타고 온 항공편명을 잘 확인하여 수하물을 찾으면 딱히 어려움이 없다. 공항이 작아 짐을 찾는데 큰 어려움은 없으나 간혹 휴가철이나 명절엔 다른 항공사의 짐과 섞여 나오기 때문에 오래 기다릴 수 있으니 시간적 여유를 가지고 픽업차량을 예약하는 것이 좋다.

공항청사를 빠져나가기 전 필요하다면 환전과 유심SIM카드를 구매하는 것이 좋다. 현지에서 구입한 SIM카드는 즉석에서 교체가 가능하며, 급하지 않은 경우 환전과 유심은 시내에서 해결하는 것이 조금 더 저렴하다. (p.203 참고)

✈ 베트남 공항에서 한국으로

아무리 긴 여행도 늘 떠날 땐 아쉬운 법. 베트남 여행을 마치고 한국으로 돌아가는 길의 발걸음은 늘 느릿느릿 쉽사리 떨어지지 않는다. 이런 마음에 간혹 놓치거나 빠뜨린 짐은 없는지, 여권과 귀중품은 더블체크하는 버릇을 잊지 말아야 한다.

각 항공사의 규정에 따라 짐의 허용 무게와 규정이 다르니 체크 후 귀국짐을 꾸리도록 하며, 100ml 이하의 액체류만 기내수하물에 휴대가 가능하다. 베트남 공항들은 그다지 크지 않기 때문에 보통 탑승 1시간 반–2시간 전쯤 도착하면 여유롭게 출국이 가능하나, 간혹 성수기, 명절, 휴가철엔 좀 더 일찍 도착할 수 있도록 해야 한다.

시내로부터 공항은 택시, 버스, 호텔픽업 서비스 등을 이용해 입국 때와 같이 이용할 수 있다. 택시의 경우, 간혹 요금을 더 받기 위해 실수를 가장하여 국내선(Quốc Nội) 공항으로 향하는 기사님이 있을 수 있으니 국제선(Quốc Tế: 꿕/ 떼/) 임을 명시해두자. 공항에 도착하면 탑승할 항공사카운터로 이동해 위탁수하물을 부치고 탑승권과 수하물보관증을 받은 후, 수하물검사까지 마치면 게이트로 들어갈 수 있다.

게이트로 가는 길엔 식당, 카페, 기념품샵, 서점 등의 다양한 볼거리가 있으니 여유 있게 가서 둘러보는 것이 좋다. 허나 달랏의 리엔 크엉 공항은 규모가 작아 식당과 카페 몇 가지 정도만 있을 뿐이니 시내에서 조금 더 시간을 보내다 가는 것도 좋은 방법이다.

Chapter 13
실전! 걱정을 덜어 줄 필수 아이템

✈ 설레는 순간까지 담아 줄 내 가방 속 준비물

필수&서류	전자기기	기내용품	의약품	의류
여권	드라이기	안경	반창고	속옷
나트랑·달랏 여행의 모든 것	충전기	이어폰/헤드셋	연고	양말
바우처 및 예약확인서	보조배터리	목베개	진통제	티셔츠
항공권	휴대폰/태블릿	수면안대	소화제	바지
국제면허증	어댑터		해충퇴치제	우비
결제카드			감기약	겉옷
유심			멀미약	
화장&위생용품	**물놀이**	**아이 용품**	**세면도구**	**액세서리**
자외선차단제	수영복	물티슈	샴푸(+린스)	신발
색조화장품	래쉬가드	간식	바디타올	슬리퍼
기초화장품	수경	장난감	클렌징폼	모자
샤워필터	수영모	베개	치약칫솔	선글라스
손소독제	워터슈즈	수건	빗	간식
면봉	지퍼백			물통

✈ 작가가 추천하는 어플 및 활용법

구글맵 Google Maps

이 책은 구글맵과 함께 활용할 수 있도록 주소와 지명, 지도 등이 작성되었을 뿐더러, 구글맵은 베트남에선 가장 활용도가 높은 지도앱이다.

- 활용법 – 택시앱 등을 이용하거나 배달주문을 할 때 간혹 주소나 도착지를 원어로 작성해야 할 때가 있다. 이때 구글맵에서 복사 및 붙여넣기로 단번에 해결해보자.

그랩 Grab

동남아 여행을 가장 편하게 만들어주는 택시 서비스 앱. 베트남 자유여행자들에겐 선택이 아닌 필수앱이다. 도심 내에서 운영하는 택시뿐만 아니라 공항 픽업, 오토바이 택시, 음식 배달 등 다양한 서비스를 제공하고 있어서 여행의 질을 높여준다.

- 활용법 – 간혹 픽업 위치가 엇갈려 기사님이 전화를 걸어 베트남어로 묻는 경우가 있다. 이 땐 앱의 메시지 기능을 활용해 현재 내가 서 있는 위치의 사진과 간판, 주소 등을 찍어 전송하면 간편하게 소통할 수 있다.

Tip. 현지에서 카드등록이 불가능한 경우가 있으니 카드결제를 원한다면 출국 전 미리 한국에서 카드를 등록해두는 것이 좋다. 카드가 해외결제 승인이 가능한 카드인지 확인하는 것은 필수!

싼 Xanh / 라도 Lado

전기차 택시인 싼은 냐짱에서, 라도는 달랏에서 유용하게 사용할 수 있는 택시회사 이름이다. 각 회사마다 그랩처럼 애플리케이션을 통한 호출서비스를 제공하며, 여러 프로모션으로 인한 할인혜택이 있어 그랩보다 더 저렴하다는 장점이 있다. 카드결제가 불가능하거나 한국어 지원이 어렵다는 단점이 있으니, 참고하여 상황에 따라 그랩과 함께 비교하며 사용하면 유용하다.

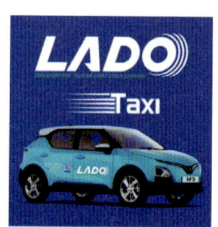

배달K

여행기간이 하루이틀 늘어나다 보면 가끔은 그리워지는 한국음식. 이러한 한국음식들을 베트남에서 주문할 수 있는 배달앱이다. 계속해서 배달 가능한 가맹점을 늘려가는 중이며 현지 특성상 너무 늦은 시간엔 운영을 하지 않는 가게가 많다. 나트랑에서 사용할 수 있지만 아직 달랏은 아쉽게도 서비스 지역이 아니다.

- 활용법 - 규정상 배달음식 반입이 안 되는 호텔이나 리조트가 있을 수 있으니, 체크인 시 미리 리셉션에 확인을 해두는 것이 좋다. 이용할 땐 배달원에게 건네줄 현금을 미리 준비해 두기.

롯데마트 Lotte Mart

현지 물가를 미리 확인할 수 있는 장점뿐만 아니라, 힘들게 롯데마트에 방문하지 않아도 기념품을 살 수 있도록 도와주는 앱. 나트랑 도심 안에서 15만동 이상 결제할 경우 무료 배달이 가능하다. 치약, 세면도구 등을 숙소에 도착하기 전 미리 주문해 여행짐을 덜어 보자.

- 활용법 - 앱으로 배달 주문 시 숙소 주소를 상세히 입력해야 하기 때문에, 검색을 하거나 리셉션에서 미리 확인해 두는 것이 좋다. 리셉션에 미리 맡겨둘 수 있으나 간혹 거절하는 숙소도 있으니 체크해 두자.

Chapter 14

여행 중 맞닥뜨릴 수 있는 사고&질병

✈ 방심은 금물, 콜록콜록 감기

베트남은 무덥고 습한 동남아 날씨라는 인식이 강하다 보니, 많은 이들이 얇은 옷만 챙겨가는 경우가 많다. 하지만 베트남은 지역에 따라 기온차이도 심하며, 특히 달랏과 같은 산간지역은 기온이 쉽게 떨어지기 십상이다. 뿐만 아니라 우기시즌엔 비까지 더해져 실내의 강한 에어컨 바람에 의해 감기나 냉방병에 걸리기 쉬우니 가벼운 점퍼 정도는 챙겨가는 것이 좋다.

간혹 수영장이나 호텔의 물에 온수기능이 없을 수 있으니 물놀이를 하러 가기 전 샤워실의 물 온도를 확인한 후 이용하는 것도 감기를 예방하는 좋은 방법이다. 이외에도 뎅기열, 파상품, 말라리아 등의 심각한 질병에 대한 염려도 적지 않으니 건강관리에 신경을 쓰자.

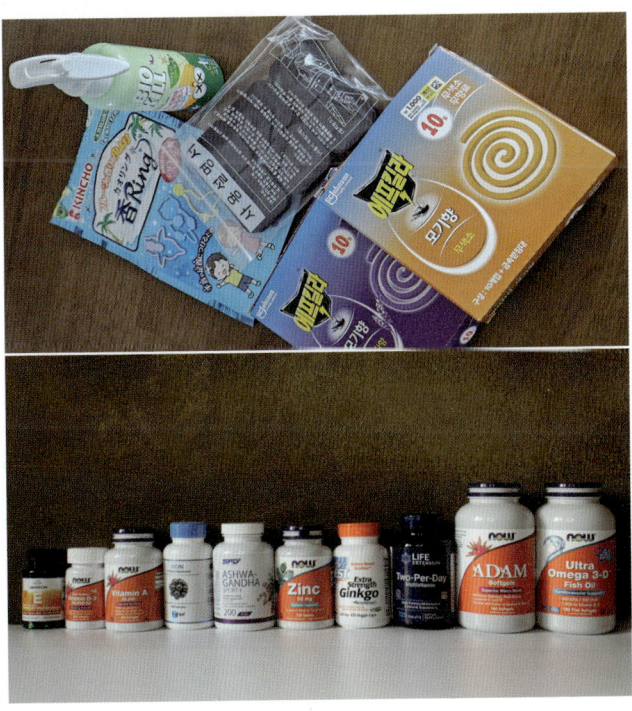

✈ 여행 중인데 변기 위에만 앉아있을 순 없지

베트남은 상하수도관 설비를 갖춘 대도시에서조차 수돗물에 광물질이 많이 섞여 있기 때문에 익숙하지 않은 사람이 마시면 설사를 일으키기 쉽다. 물은 마트에서 파는 생수를 사 마시거나 꼭 끓여 마시고, 식당에서 내놓는 얼음도 주의해야 한다. 맥주나 음료와 함께 내어주는 얼음은 생수로 한 번 씻어 불순물을 거른 뒤 마시도록 하자. 채소와 해산물은 기생충 발병 위험이 높으니 생으로 먹는 것 보단 튀기거나 충분히 익힌 것을 먹어야 하며, 과일과 유제품은 신선한 것을 골라야 식중독이나 장염을 예방할 수 있다.

✈ 위급 시 사용하는 응급 베트남어

위급 시 사용하는 응급 베트남어		
한국어	베트남어	발음
병원	bệnh viện	벤↓비엔↓
여기가 아파요	đau ở đây	다우→어~다이→
약을 주세요	cho thuốc	쩌→투옥↗
가렵다	ngứa	응어↗
열이 높다	sốt cao	솓↗까오→
감기에 걸리다	bị cảm	비↓깜~
상처를 입다	bị thương	비↓트엉→
몸살이 나다	bị ốm	비↓옴↗

✈ 안전과 귀중품은 내 스스로 챙기자

베트남은 현재 빠른 경제 성장과 시민 의식 수준으로 인해 우리의 걱정보다는 치안이 안전한 편이다. 베트남은 동남아국가 중에서 치안이 좋은 국가 중 하나이다. 베트남 정부의 공권력도 강한 편이고, 치안에 대해 국가차원으로 상당히 신경 쓰는 편이기 때문에 크게 걱정할 필요는 없다. 허나 아직까지 도로 시설이 정리되어 있고, 질

서정연한 나라라고 말하기엔 애매한 치안 상태. 사람이 많이 몰리는 여행지의 경우 소매치기, 도난 등을 늘 경계해야 한다. 여권을 분실했을 때를 대비해 여권 사본을 미리 준비해 두고 신분증을 들고 영사관에 방문하면 여권을 재발급 받을 수 있다.

길을 걸을 땐 주차되어 있는 오토바이여도 작은 충격에 쓰러지거나 뜨거운 머플러에 화상을 입지 않도록 주의해야 한다. 길을 건널 땐 알아서 보행자를 피해가는 오토바이 운전수들을 믿고 천천히 일정한 속도를 유지해 건너는 것이 좋으며 오토바이를 탈 때 헬멧은 필수다.

✈ 신짜오! 반갑다 도마뱀아

베트남에서 도마뱀을 만나더라도 놀랄 순 있겠으나, 걱정할 필요는 없다. 이 작은 친구는 겁이 많아 사람을 피하려고 할뿐더러, 작은 곤충들을 잡아먹는 고마운 존재이기까지 하다. 특히 도마뱀은 우리가 선호하지 않는 바퀴벌레나 모기 등을 잡아먹기 때문에 이들의 먹이사슬은 우리에게 아주 중요한 역할을 해주기도 한다. 베트남의 거대한 바퀴벌레를 보고 싶지 않다면 이 녀석들이 있는 곳을 따라가는 것이 좋다. 숙소나 식당에 도마뱀이 등장하더라도 살짝 밀어버리거나 불을 환하게 켜면 알아서 꼭꼭 숨어버리니 발견하더라도 침착하게 쫓아내자.

나트랑·달랏
여행의 모든 것

초판 1쇄 발행 2025년 7월 23일

지은이 손연주
펴낸곳 ㈜에스제이더블유인터내셔널
펴낸이 양홍걸 이시원

홈페이지 siwonbooks.com
블로그·인스타·페이스북 siwonbooks
주소 서울시 영등포구 영신로 166 시원스쿨
구입 문의 02)2014-8151
고객센터 02)6409-0878

ISBN 979-11-6150-537-4 13980

이 책은 저작권법에 따라 보호받는 저작물이므로 무단복제와 무단전재를 금합니다. 이 책 내용의 전부 또는 일부를 이용하려면 반드시 저작권자와 ㈜에스제이더블유인터내셔널의 서면 동의를 받아야 합니다.

시원북스는 ㈜에스제이더블유인터내셔널의 단행본 브랜드입니다.

독자 여러분의 투고를 기다립니다.
책에 관한 아이디어나 투고를 보내주세요.
siwonbooks@siwonschool.com